AF305801

Le Judaïsme Français et la Guerre

FASCICULE I

LA GUERRE ET LES ISRAÉLITES

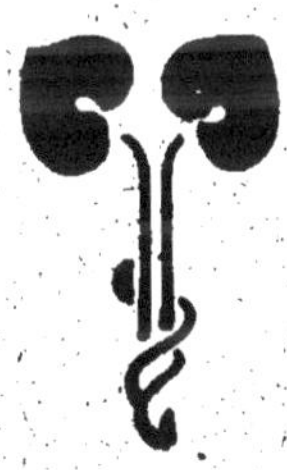

ÉDITIONS DE L' « UNIVERS ISRAÉLITE »
47, BOULEVARD SAINT-MICHEL, PARIS-Vᵉ

1918

LE JUDAÏSME FRANÇAIS ET LA GUERRE

Avant-Propos

Depuis quatre ans, les soldats de France luttent et meurent sur les champs de bataille, tandis qu'à l'arrière la nation se dépense pour la défense nationale et se dévoue aux œuvres de guerre.

Quelle est, dans ce déploiement d'héroïsme et d'activité patriotiques, la part des israélites, de ceux qui, sur la terre française, représentent l'antique judaïsme ?

La question intéresse au premier chef les israélites eux-mêmes, mais elle n'intéresse pas qu'eux ; s'il importe à l'histoire du judaïsme, il n'est pas indifférent à l'histoire de la France en guerre de savoir ce qu'à cette époque capitale les juifs auront fait pour le pays qui les a émancipés.

Assurément, le moment n'est pas encore venu d'écrire l'histoire du judaïsme français depuis 1914. Mais il nous a paru qu'il n'était pas trop tôt pour en recueillir les matériaux et que nous répondrions à l'attente du public — du public israélite et d'une partie au moins du public non israélite — en rééditant les articles, les informations, les correspondances qui ont paru dans le journal L'Univers Israélite sur la participation du judaïsme français à la guerre.

Tel est l'objet de la présente publication : c'est un recueil d'articles écrits et publiés de 1914 à 1918, au fil de l'actualité, sous l'impression des événements et qui constituent par là même autant de documents. Chaque article reproduit est d'ailleurs suivi de l'indication du numéro dans lequel il a paru.

Pour mettre de l'unité dans cette variété, pour relier ces textes d'auteurs et de dates différents, ils ont été classés d'après leur contenu, afin de pouvoir se lire d'une manière suivie, et groupés sous un certain nombre de rubriques, dont chacune constitue un fascicule distinct.

Le premier fascicule, intitulé la Guerre et les Israélites, expose d'une manière générale les mobiles du judaïsme français dans cette guerre et sa contribution à la guerre. On y trouvera notamment une série d'articles sur l'exposé de M. Maurice Barrès et une autre sur la question d'Alsace-Lorraine au point de vue israélite.

Les deux fascicules suivants mettent en lumière deux aspects particulièrement intéressants de l'attitude et de la participation du judaïsme français dans la guerre.

Le fascicule II montre comment les israélites ont défendu et pratiqué l'Union sacrée et en réunit de nombreux exemples tant au front qu'à l'arrière.

Le fascicule III rapporte des Scènes et Episodes de la Guerre, qui intéressent le judaïsme de France et l'histoire des communautés israélites du front : Lunéville, Verdun, Thann et l'Alsace française, etc.

Les trois fascicules suivants sont consacrés à la religion israélite en France dans ses rapports avec la guerre.

Le fascicule IV, sur L'Année religieuse et la Guerre, réunit les principaux articles que les fêtes israélites et le cycle de *l'année cultuelle ont inspirés à MM. les grands-rabbins et rabbins et aux collaborateurs du journal. Ces contributions font de nouveau ressortir les sentiments et les espérances du judaïsme français dans cette guerre.*

Les deux fascicules suivants montrent comment ces idées se sont traduites dans la vie religieuse des israélites français, soit au front, soit à l'arrière.

Le fascicule V décrit **La Vie religieuse au Front** *et notamment l'activité des aumôniers militaires du culte israélite.*

Le fascicule VI, sur **Les Communautés et les Œuvres,** *décrit l'activité religieuse et philanthropique des Consistoires et des principales communautés : Paris, Nancy, Belfort, Lyon, Marseille, Bordeaux, etc.*

Jusqu'à présent, le judaïsme français a été envisagé dans son ensemble. Mais on peut distinguer, parmi les juifs de France, deux catégories dont le rôle a été particulièrement remarquable. Ce sont, d'une part, les juifs d'Algérie, aussi nombreux que ceux de la métropole et qui se sont distingués, particulièrement dans les troupes d'Afrique, sur tous les champs de bataille, et, d'autre part, les juifs originaires de Russie, de Pologne, de Roumanie et d'Orient, qui se sont engagés avec enthousiasme au début de la guerre et qui ont déployé leur héroïsme dans la Légion étrangère.

Le fascicule VII est consacré au **Judaïsme algérien** *; le fascicule VIII aux* **Volontaires juifs.**

Les deux fascicules suivants, d'un caractère plus particulièrement biographique, illustrent par un grand nombre d'exemples individuels la conduite des israélites français dans la guerre.

Le fascicule IX rend **Hommage aux Morts** *; il contient des notices sur les israélites, rabbins, officiers et soldats, glorieusement tombés au champ d'honneur.*

Le fascicule X est le **Salut aux Braves** *; il célèbre les mili-*

taires qui se sont distingués aux armées, les familles qui ont donné plusieurs enfants à la patrie, les israélites qui ont participé avec éclat à la défense nationale.

Enfin, le fascicule XI réunit, sous le titre de **Pour la Propagande française**, un certain nombre de documents et d'articles destinés à défendre la cause de la France et des Alliés auprès des juifs des pays neutres. C'est encore une contribution du judaïsme français à la grande guerre et une illustration des sentiments qui animent les israélites de France, par où ce dernier fascicule rejoint le premier de la collection.

Chaque fascicule forme un tout et peut être lu séparément. Les fascicules ne paraîtront d'ailleurs pas forcément dans l'ordre de leur numérotation

Une Table générale des noms et des lieux cités accompagnera le dernier fascicule.

Plusieurs de ces fascicules sont illustrés de gravures documentaires.

La Guerre et les Israélites

Le Judaïsme et la Guerre

« ... Je frémis au plus profond de mon cœur ! Tout mon cœur est en émoi, je ne puis le calmer ; car tu entends, ô mon âme, le son de la trompette, les fanfares guerrières... On annonce ruines sur ruines, tout le pays est dévasté ; mes tentes ont été saccagées soudainement, mes pavillons en un clin d'œil... Jusqu'à quand verrai-je des bannières ? entendrai-je les trompettes retentissantes ?... » (Jérémie, IV, 19-21).

Ces pathétiques exclamations du prophète Jérémie traduisent d'une manière saisissante les émotions que l'appel aux armes, les horreurs de l'invasion, l'acharnement de la lutte éveillent en nos cœurs.

Si ces versets nous sont peu familiers, ce n'est pas seulement parce que nous ne lisons guère la Bible, c'est surtout parce que l'idée de la guerre et de ses ruines était comme absente de notre esprit. Pour beaucoup d'entre nous, la guerre fut inattendue parce qu'elle nous apparaissait comme une impossibilité et comme un anachronisme. Une guerre, et une telle guerre, après vingt-cinq siècles de civilisation juive et chrétienne ! après tant de progrès, une telle rechute !

Nous ne pouvions nous faire à la pensée de cette guerre, qui dément tous nos rêves de pacification et de fraternité. Depuis que les prophètes ont, par-dessus les orages du présent, projeté l'arc-en-ciel d'une immense espérance, suivant la saisissante image de James Darmesteter, les visions de haine et de brutalité reculaient à l'horizon de notre pensée, et aujourd'hui encore, dans l'ouragan de feu et dans le déluge de sang, nous voulons percevoir le doux murmure qui se révéla au prophète. L'idéalisme optimiste qui fait le fond du judaïsme nous incline aux espérances de paix et d'harmonie, comme l'esprit de charité qui l'anime nous commande des appels à la douceur et à la pitié, pour tempérer au moins les violences qui ne peuvent être conjurées.

De par sa doctrine et de par son histoire, le judaïsme est essentiellement pacifique. Mais si nous avions, pendant dix-huit siècles, désappris l'art des combats, ce n'était que pour notre compte. Depuis que les juifs ont cessé de former un Etat, leurs destinées se sont confondues avec celles des pays qui les ont accueillis et aujourd'hui ils versent leur sang pour les patries dont ils sont devenus les enfants.

C'est la tragédie du judaïsme que ses fils, dans la grande guerre qui met aux prises tant de nations, se combattent les uns les autres. Mais après tout, il n'en est pas différemment des autres confessions et les protestants de France, par exemple, ont bien pris les armes contre ceux d'Allemagne ou, pour prendre un exemple plus saisissant, les Alsaciens-Lorrains incorporés dans les armées prussiennes souffrent des mêmes déchirements, qu'ils soient israélites, catholiques ou protestants. Mais ce spectacle fratricide est plus douloureux pour nous parce que nous sommes une minorité fermée par la communauté d'origine et de sang.

Nous sommes une minorité. Hélas ! elle est presque tout entière engagée dans le choc. Sur les onze millions de juifs que compte le globe, près de neuf millions appartiennent aux nations qui sont en guerre ou dont la neutralité est précaire. Il n'y a que les deux millions de juifs américains qui soient hors du conflit (1) et encore la majeure partie d'entre eux sont-ils originaires des pays en lutte, ce qui ne laisse pas d'engager leur attitude.

Il n'est donc pas excessif de dire que toutes les forces vives du judaïsme sont entraînées dans la tourmente et que la guerre déchaînée affectera le sort du judaïsme tout entier. La situation des juifs ne peut manquer d'être influencée par

(1) Ecrit en 1914.

le développement de la crise européenne, surtout dans l'Europe orientale et en Turquie, et l'expérience devrait nous avoir appris que l'état de la question juive là-bas a sa répercussion ici.

C'est pourquoi si, comme Français, nous partageons les émotions patriotiques de tous nos concitoyens, ardemment unis à eux dans l'enthousiasme, l'abnégation et la confiance, nous ne négligerons pas de suivre attentivement, du point de vue israélite, les péripéties du drame qui se déroule dans les différents pays, à commencer par le nôtre.

JUDAEUS.

(27 novembre 1914).

Le Point de vue du Judaïsme

Belfort, le 7 janvier 1915.

Le judaïsme, tant par ses aspirations naturelles que par la contrainte des événements politiques, apparaît, dès les temps les plus reculés, sous la forme d'une sorte de revendication permanente du droit, de lutte ininterrompue contre les forces oppressives de toute origine. C'est à cette particularité qu'il doit d'avoir exercé sur le monde une si remarquable action morale.

Le sentiment de la justice devint ainsi de bonne heure l'âme même d'Israël. Si le centre de l'hébraïsme est bien Dieu considéré dans sa toute-puissante souveraineté, c'est aussi et plus encore Dieu entrevu dans sa justice infaillible. Dès les premières pages de l'Écriture, le patriarche tient la justice pour le véritable apanage de la Divinité et rejette avec indignation l'idée « d'un suprême magistrat de la terre qui n'agirait point avec équité » (Genèse, XVIII, 25). La justice, inséparable de la vérité — car tout ce qui est juste est vrai — finit par constituer l'élément fondamental de la mentalité et de la conscience israélites. Israël ne peut plus vivre que dans une atmosphère de justice et de vérité.

Et voilà pourquoi l'attaque impie, inique, dont la France a été l'objet a blessé l'âme juive dans ses sentiments les plus intimes, dans ses aspirations les plus anciennes, dans ses instincts les plus profonds. L'agression brutale de la Germanie contre la pacifique Belgique, les violences et les exactions d'un peuple ivre d'orgueil, foulant aux pieds les droits élémentaires et naturels qui étaient supposés être l'incontestable propriété de l'espèce humaine, tous ces abus de la force, toute cette profanation des principes les plus sacrés de la conscience religieuse ou morale, toute cette régression vers l'antique barbarie a soulevé le cœur israélite d'un hoquet de dégoût et d'abjection.

Et voilà pourquoi aussi la mentalité juive s'est révoltée contre l'hypothèse de certaine théologie académique qui laissa supposer, ces temps derniers, que cette guerre pourrait bien être une expiation ! Les milliers et les milliers de vies humaines fauchées impitoyablement, les innombrables victimes de cette lutte épique, les ruines amoncelées par ce cataclysme sans précédent, seraient la rançon de fautes individuelles ou collectives ! Contre cette affirmation si affligeante pour l'humanité, contre cette solidarité de désespoir dans laquelle des doctrines aussi rétrogrades qu'inexorables voudraient enchaîner, les uns aux autres, les bons et les méchants, s'éleva déjà le pieux patriarche de l'Ecriture lors de son plaidoyer en faveur des habitants de Sodome et de Gomorrhe (Genèse, *ibidem*). Il n'y a pas de conciliation possible entre cette théorie d'iniquité et la notion d'un Dieu de justice et de bonté. Le prophétisme juif, annonçant la disparition de la guerre, la transformation des instruments de mort en instruments de vie, la paix et la fraternité universelles, repousse l'idée de nécessité inéluctable, le caractère de pérennité de l'instinct belliqueux. Pas plus que les individus, les peuples ne seront éternellement contraints à en appeler à la force pour régler leurs différends.

Sans doute une guerre défensive, comme celle que nous autres Français nous soutenons à l'heure présente, peut être grosse d'heureuses conséquences. Nul ne s'aviserait de nier que nous lui devons ce magnifique épanouissement de l'esprit de sacrifice, d'héroïsme et d'union qui rend les nations invincibles et les auréole d'un rayon de beauté morale que nul autre effort, nulle autre épreuve au monde ne saurait faire naître. Mais toutes ces vertus, tous ces bienfaits n'expliqueront, ni n'excuseront les horreurs de la guerre, pas plus qu'ils ne se concilieront avec l'idée de la justice divine.

Voilà pourquoi, enfin, nous israélites français, partisans du droit et de l'équité, adorateurs d'un Dieu de justice et de bonté, nous combattons tous, d'un même élan, ceux qui violent toute justice et toute humanité, avilissent et dégradent le concept divin ; voilà pourquoi nous poussons unanimement ce cri : Sus aux Germains, destructeurs de toute morale et de toute religion !

Mathieu WOLFF.

(28 janvier 1915).

Sentiments Israélites

Belfort, le 29 décembre 1914.

S'il est un sentiment qui fut de tout temps comme la parure et la force de l'âme israélite, c'est celui sur lequel repose le cinquième commandement. La piété filiale, le respect et l'amour des parents ont été l'ornement et la sauvegarde d'Israël au cours des siècles. L'affection instinctive, la déférence ancestrale de l'enfant pour ceux qui lui dispensent la vie matérielle et morale n'a jamais cessé d'être le fondement indestructible du foyer juif. Là-dessus se trouvent d'accord amis et adversaires du judaïsme.

Bible et Talmud, loi écrite et loi orale nous en fournissent d'innombrables témoignages.

Qui ne reconnaît aussitôt dans le sentiment patriotique le développement naturel du sentiment filial ? Patrie dérive de père. L'amour du juif pour son pays formera donc un des éléments nécessaires et constitutifs de la vie israélite. La réserve même qu'Israël met, en temps ordinaire, à le manifester au dehors, cette sorte de pudeur qu'il éprouve à en faire étalage, cette crainte constante de le profaner par des démonstrations intempestives, prouve précisément combien chez lui cette affection est profonde et sacrée. L'enfant qui aime sa mère ressent-il le besoin de montrer avec fracas qu'il l'aime ? L'infinie tendresse de son cœur fuit la vaine ostentation ; elle agit, mais ne gesticule pas ; elle prodigue ses caresses avec une bonté stoïque et silencieuse.

Que de traits nous pourrions citer du jaillissement pudique de cet amour concentré ! Dans la salle militaire que nous avons organisée pour la récréation de nos soldats et principalement pour les hommes d'une batterie d'Algérie qui compte de nombreux israélites, se réunissent chaque soir plusieurs artilleurs, tous épris et fiers de leur arme. Ils ont un air résolu et calme qui donne l'impression d'une force réfléchie et irrésistible. Nous les interrogeons à tour de rôle et l'un d'eux, C... C..., nous dit tout d'un coup, d'une voix timide et embarrassée — c'était pendant la fête de Hanouca — que l'Algérie juive ne pourra s'acquitter de sa dette de reconnaissance envers la France qu'en lui suscitant un Juda Maccabée ! Cet artilleur a eu cinq frères au feu, dont l'un mort à l'ennemi. Dans son regard brillait je ne sais quelle lueur d'extase naïve et sereine.

Nous connaissons une femme juive d'Alsace, Mme W..., du village de B..., qui s'écria, en apprenant la mort de son fils unique, enrôlé dans l'armée allemande : « Je ne serai consolée de la disparition de mon pauvre enfant que le jour où l'Alsace sera redevenue française ». O touchante et miraculeuse fidélité ! ô saint amour de la patrie, même absente !

Nous venons de fermer les yeux au sergent D..., du 49ᵉ territorial, neveu du commandant Alfred Dreyfus, décédé des suites d'une diphtérie contractée dans les tranchées en entraînant sa section au combat de M..., en Alsace. « Ah, Monsieur le rabbin, m'a-t-il dit, pourquoi agoniser ainsi sur ce lit d'hôpital et n'avoir pas été frappé d'une balle, devant Mulhouse, moi fils de Mulhousien ? J'aurais tant aimé mourir face à l'ennemi ! »

Bornons-nous à ces quelques traits, qui témoignent indistinctement de la discrète, mais ardente affection filiale que le cœur israélite voue inlassablement à notre patrie bien-aimée. C'est comme une sainte effusion, une prière fervente, quoique souvent muette, qui s'échappe de toutes les poitrines juives pour le salut de la France.

Mathieu WOLFF.

(8 janvier 1915).

Cuique Suum

Belfort, décembre 1915.

Les historiens de l'avenir, transmettant à la postérité les tragiques souvenirs de l'époque où nous vivons, glorifieront avant tout nos soldats, leur courage indomptable, leur invincible ténacité, leur sublime dédain de la mort, leur amour passionné du droit. Mais ils s'attarderont aussi, avec une dilection particulière, aux exploits accomplis par ceux qui, loin de la formidable mêlée, participent, à leur manière, à cette lutte gigantesque, en mobilisant toutes les énergies productives de la nation, en faisant converger vers un but commun toutes les forces matérielles et morales du pays. Ils inviteront nos petits enfants à contempler le spectacle merveilleux de cette multitude de citoyens coopérant à l'œuvre de réparation et de salut ; ils leur diront le sens profond de cet esprit de solidarité qui s'épanouit si magnifiquement dans toutes les classes de la société ; ils leur commenteront avec fierté tous ces efforts inlassables pour diminuer le fardeau de la guerre, pour relever les ruines jusque sous le feu de l'ennemi, pour préparer les moissons dans les champs labourés par la mitraille ; ils leur expliqueront toute cette activité bienfaisante dans les domaines les plus variés, l'amas de tout cet or et de tous ces milliards, le labeur de toutes ces intelligences et l'amour de tous ces cœurs, l'union magique de tous ces hommes et de toutes ces femmes, soudés les uns aux autres par le sentiment d'un devoir commun et la résolution d'une volonté unanime.

Lorsque les historiens français analyseront un jour les causes de notre victorieuse résistance, ils détermineront sans doute la part contributive de chaque catégorie de citoyens. Passeront-ils sous silence le rôle joué par les ministres de la religion ? Est-ce que d'aventure les représentants sur la terre de tout ce qui la dépasse, les représentants des idées de spiritualité et d'éternité n'auraient tenu aucun emploi dans ce drame, supérieur lui aussi, semble-t-il, aux contingences habituelles de ce monde ? Si les divers clergés de l'Allemagne, altérant l'enseignement de l'Ecriture, se sont érigés en simples apologistes du militarisme barbare de la Prusse, s'ils n'ont pas craint, reniant leur vocation, d'identifier la force brutale avec le pouvoir directeur de Dieu, ceux de France, du moins, ne cessèrent pas de dénoncer les sophismes outrageants de la morale germanique, ni de proclamer l'empire imprescriptible de la loi d'équité et d'amour. L'immense majorité des nôtres a fait entendre la voix grave des voyants de la Bible annonçant l'affranchissement des peuples par la justice et la bonté.

Dans ce vaste concert de protestations pieuses et de prônes, nous sera-t-il permis de distinguer les modestes accents des ministres du culte israélite ? Le clergé juif de France — et assurément aussi celui de tous les pays neutres — fidèle à son passé, conscient des destinées humani-

taires des peuples, épris d'aspirations messianiques, aura
compris que jamais moment ne fut plus favorable pour affirmer, même dans la tempête, la réalité apaisante de l'idéalisme libérateur. Il aura deviné que la loyauté spirituelle,
l'affinement, l'épuration du sentiment religieux compense-
ront le déclin de certaines manifestations extérieures du
culte et impliqueront nécessairement la condamnation de
ce formalisme vide et fallacieux, d'une piété d'où le cœur
est absent, la flétrissure de ce catéchisme nouveau de la
force, de cette doctrine matérialiste et prétendue scientifique au nom de laquelle flambent cathédrales, temples et
synagogues et sont martyrisées faiblesse et innocence.

Le règne de Dieu, certes, les israélites français l'attendent, ainsi que les ministres de leur culte, mais par le
triomphe du droit et la rupture de tous les liens de servi-
tude. *Cuique suum,* dit un adage latin : à chacun le sien !
A Israël la foi, tranquille et sûre, en la victoire de la justice sur les forces malfaisantes de toutes les majorités
oppressives !

Mathieu WOLFF.

(7 janvier 1916).

Le Judaïsme Français après la Guerre

*Elargis la place de ta tente, étends les
toiles de tes pavillons, ne mesure pas ;
allonge les cordes et affermis les piquets,
car à droite et à gauche tu déborderas...*
(Isaïe, LIV, 2-3).

Si les israélites de France font leur devoir, tout leur
devoir de Français, dans cette guerre, ils ont le droit d'espérer que le judaïsme français sortira de la guerre non
seulement grandi, mais agrandi, accru par le nombre, la
force et l'influence.

Ce sera un enrichissement pour le judaïsme français
s'il unit à lui plus intimement les israélites d'origine russo-
polonaise que la guerre a fait apparaître non seulement
comme des coreligionnaires, mais encore comme des concitoyens. Je ne parle donc pas des nombreux engagés volontaires (1) qui, en s'enrôlant comme juifs étrangers, ont mar-
qué eux-mêmes la distance, mais de ceux, certainement
plus nombreux, qui, établis en France depuis une génération et davantage, ont pris racine dans le pays et y ont
fait souche, qui servent sous les drapeaux de la France et
ont donné leurs fils à l'armée.

Ceux que la France a reçus comme ses enfants, le
judaïsme français les tiendrait-il à l'écart ? On a dit que
la vie des Français dans le coude à coude des tranchées
devait supprimer les différences de conditions et faire
disparaître les oppositions de classes ; à plus forte raison
ce rapprochement doit-il s'opérer entre tous ceux qui
auront combattu côte à côte pour le salut de la patrie
et l'honneur du judaïsme. Les israélites immigrés doi-

---

(1) Voir le fascicule VIII, sur « les volontaires étrangers ».

vent être traités par leurs coreligionnaires français de plus longue date non comme des parents pauvres, mais comme des égaux, car si les uns ont plus de prospérité matérielle et d'affinement social, les autres ont un plus grand fonds de judaïsme. L'association et la collaboration cordiale des deux éléments renforcerait singulièrement le judaïsme français.

Ce qui est vrai du judaïsme russo-polonais s'applique tout aussi bien au judaïsme algérien. Les israélites algériens sont français depuis longtemps, car s'ils le sont devenus politiquement depuis 1871, ils s'étaient francisés peu à peu à partir de la conquête de l'Algérie. Pourtant la fusion n'est pas encore faite entre le judaïsme de la métropole et le judaïsme algérien et l'on dirait presque qu'un israélite algérien doit sortir de son milieu pour entrer dans le judaïsme français. Il reste des malentendus et des préjugés à dissiper pour que la pénétration soit complète et que le judaïsme algérien donne au judaïsme français ce qu'on est en droit d'attendre de lui.

Or, le judaïsme algérien s'est manifesté, dans la guerre actuelle, ardemment français (1) et les israélites de France peuvent être fiers de leurs coreligionnaires d'Algérie, qu'ils regardaient jusqu'ici d'un peu haut. Ayant appris à mieux les connaître, ils devront se rapprocher davantage d'eux, essayer d'agir sur eux pour achever de les éclairer et de les régénérer ; mais, d'autre part, ils auront à prendre le plus possible de leur piété foncière et de leur conscience juive, restée vivace même dans la jeune génération. C'est un échange et une collaboration où chacun trouvera à gagner.

L'Algérie aurait pu dédommager le judaïsme français de la perte de l'Alsace-Lorraine : au moment où le décret Crémieux lui annexait définitivement les israélites algériens, le traité de Francfort lui arrachait les communautés alsa-

(1) Voir le fascicule VII, sur « le Judaïsme algérien ».

2.

ciennes-lorraines. Mais il s'en faut de beaucoup qu'il ait regagné alors d'un côté ce qu'il perdait de l'autre. Le judaïsme algérien lui rendait le nombre, mais non la force. C'est d'Alsace-Lorraine qu'il tirait ses meilleurs contingents ; c'est là qu'il conservait ses meilleures réserves. Si les vides furent comblés, les forces ne furent pas réparées.

Mais ce que la défaite de la France lui avait enlevé, sa victoire va le lui rendre. Il retrouvera bientôt ces belles communautés qui, après avoir été les mères des communautés françaises, continuaient à les alimenter et, en les regagnant, il n'accroîtra pas seulement son effectif, mais aussi sa prospérité. En 1871, le grand-rabbin de France, Isidor, pour exprimer toute l'étendue de la perte que faisait la Synagogue française, plaçait dans sa bouche cette réminiscence plus saisissante qu'une trouvaille : « Voici que je suis restée seule, et mes enfants, où sont-ils ? » (1). Demain, elle pourra redire, mais dans un autre sens et avec un autre accent : « Qui m'a donné tous ces enfants, à moi qui en étais privée et désolée ? j'étais exilée et solitaire : qui m'a élevé ceux-ci ? j'étais restée toute seule : d'où me viennent tous ceux-ci ? »

Après qu'il aura recouvré ainsi son intégrité et sa force, le judaïsme français pourra reprendre au dehors le rôle qu'il a joué autrefois. Quand la France parlait en maîtresse dans le concert des nations et propageait dans le monde les idées de liberté et de tolérance, le judaïsme français, se souvenant qu'il avait été émancipé le premier et que liberté oblige, mettait son influence au service des juifs opprimés. C'était l'époque où l'Alliance Israélite Universelle, véritable émanation du judaïsme français, organisait l'union des juifs libres en faveur des juifs opprimés. Vint la défaite de la France ; son prestige baissa et du même coup le libéralisme politique fut affaibli en Europe. Le judaïsme français, mutilé lui aussi, cessa d'être à la tête de la lutte pour l'émancipation ; l'Alliance conserva sa

(1) Voir plus loin, p. 106.

force acquise, mais son action ne fut plus universelle ou
ne fut pas reconnue comme telle. Demain, dans le triomphe de la France, se confondant avec le triomphe du
droit et de la liberté, le judaïsme français, représenté par
l'Alliance, pourra reprendre sa marche en avant et faire
sentir son influence au loin. Il sera agrandi et prolongé en
quelque sorte par cette conquête pacifique, par cette
annexion morale.

C'est ainsi que, par la guerre même et par la victoire,
le judaïsme français peut se renforcer, s'étendre et rayon-
ner au dehors. Il le peut s'il le veut, si, au lieu de rester
passif, il sait prendre les initiatives et ménager les rappro-
chements nécessaires, si, au lieu de rester indifférent à sa
propre situation, il prend conscience de son rôle. Pour
manifester sa force et exercer son influence, il faut vouloir
et agir. Un bel avenir est réservé au judaïsme français s'il
s'en montre digne et s'il le prépare, si les juifs français
font leur devoir de juifs aussi bien qu'ils font leur devoir
de Français.

*
* *

Il y a quelques semaines, dans un village du front où
cantonnait un bataillon de zouaves, arriva un jour un régiment de l'Est. Le lendemain, l'aumônier israélite, en tournée
dans ce village, y trouva des fidèles inattendus. Il y avait
là des Parisiens et des Provinciaux, des Métropolitains et
des Algériens, des Alsaciens et des Polonais. Cette assemblée était une image réduite du judaïsme français, du
« plus grand » judaïsme français. C'est cette scène qui a
inspiré les réflexions qu'on vient de lire.

JUDAEUS.

(13 août 1915).

Après la Guerre

Tant que le présent — et quel présent ! — nous étreint corps et âme, tant que la bataille fait rage, désole nos campagnes, dévaste nos cités, convient-il de s'entretenir du lendemain de la guerre, de ce que sera ou devra être l'avenir ? Faut-il parler de restauration, de reconstruction quand tout parle de démolition ? Au moment même où la maison brûle, qui songe à la rebâtir ?

Si la raison nous conseille d'éteindre l'incendie avant d'appeler le maçon, — le cœur et l'instinct, le sentiment de la conservation et de la permanence nous incitent au contraire à nous enquérir simultanément de l'architecte et du pompier. Les cendres ne sont pas encore refroidies, les décombres fument encore, que déjà le sinistré s'avise de réparer le sinistre. La noblesse et la puissance du labeur humain se mesurent précisément à l'intensité de cet effort réparateur dans le danger et à travers les ruines. La postérité n'admirera pas moins le travail accompli par le peuple français sur une terre envahie et au milieu des soucis les plus angoissants pour assurer la pérennité de son destin que le sublime sacrifice de ses soldats brisant le choc de l'envahisseur. Nos paysans, qui labourent le sol dans le voisinage immédiat de l'ennemi, plantent et récoltent pour les années à venir, presque sous le feu de l'adversaire, symbolisent de la manière la plus saisissante, a-t-on dit, ce besoin instinctif de nous préoccuper des temps qui ne sont pas encore, alors que l'incertitude du présent devrait être l'unique objet de nos préoccupations.

C'est un des mérites de l'homme que l'actualité, même tragique et en quelque sorte vitale, ne l'occupe pas assez fortement pour détacher son regard de ce que demain pourra ou devra être et lui interdire les longs espoirs et les vastes pensées du fabuliste. C'est pourquoi, exprimer des vœux qui se réaliseront seulement après la guerre ne paraîtra à nul d'entre nous d'une opportunité douteuse. Nous sera-t-il permis aujourd'hui d'en formuler deux, l'un d'ordre plus général et souvent énoncé (1), l'autre plus particulier et plus spécial au judaïsme français ?

Nous souhaitons et nous espérons que, dans les années qui suivront cette terrible période, chaque citoyen se pénétrera de la nécessité morale et matérielle qu'il y aura pour la communauté française de maintenir intact dans la paix tout ce qui fut un élément de force dans la guerre : union de toutes les volontés pour assurer le triomphe de la plus sainte des causes ; fusion des âmes, activité collective ; solidarité sociale dans le respect et l'affection réciproques ; fin de toutes les intolérances ; disparition de ces paroles et de ces gestes d'automates que les générations successives — et ignorantes — transmettent les unes aux autres sous l'empire inconscient d'impulsions ataviques et qui rendent souvent la vie si amère ; mort de tous ces préjugés religieux ou politiques qui empoisonnent les relations sociales et nuisent si gravement aux intérêts moraux et matériels du pays ; bonheur de se comprendre et de se juger en équité et bienveillance, douceur de s'entr'aider et de s'aimer comme on s'est entr'aidé et aimé sous la mitraille ; ennoblissement de la conscience collective par l'élévation de la conscience individuelle ; devoir de ne jamais séparer les joies et la prospérité privées des joies et de la prospérité publiques. Si ce beau rêve se réalisait un jour, nous n'aurions à regretter ni nos douleurs, ni nos larmes, ni nos sacrifices.

Qu'on nous accorde, pour finir, de présenter ici un autre vœu, auquel le judaïsme français se croira tenu de donner satisfaction au lendemain de la guerre. J'y suis rendu attentif par la présence, à cette heure, en ma région, d'un certain nombre de soldats algériens, d'un dévouement et d'une bravoure à toute épreuve et d'un attachement véritablement filial à la religion d'Israël.

(1) Voir le fascicule II, sur « l'Union sacrée et les israélites ».

Le judaïsme métropolitain, il faut avoir le courage de l'avouer, s'il a reconnu les vertus et la piété des juifs africains, n'a peut-être pas toujours fait ce qu'il fallait faire pour le développement spirituel et matériel des communautés israélites d'Algérie. Déclarons bien haut que les juifs algériens auront été l'honneur et la gloire du judaïsme français pendant cette guerre. La Synagogue de France devra beaucoup à tous ces héros de l'Afrique juive qui sont tombés par centaines pour accomplir le *Kidouch hachèm*, pour sanctifier le nom de Dieu et payer de leur vie la reconnaissance qu'ils ont vouée à la patrie qui les a incorporés, il y a quarante-six ans, dans la grande famille française.

Mais s'ils sont fiers de leur titre de Français, ils ne le sont pas moins de leur qualité d'israélites. Il faut voir tous ces zouaves, artilleurs, tirailleurs, revendiquer leurs droits religieux avec le même courage qu'ils mettent à réclamer l'honneur de combattre en première ligne, face à l'ennemi. En voilà qui ne rougissent point de faire appel au ministère de leur aumônier et leur première occupation, à leur arrivée dans une ville, ce n'est point de s'enquérir d'un lieu d'amusement, mais de s'informer s'il existe un temple quelque part pour y prier. J'en connais actuellement qui ont demandé avec insistance au Consistoire central le secours permanent d'un aumônier. Pour ceux-là, l'aumônerie militaire n'est pas une vaine institution. J'ai la certitude que les autorités religieuses et administratives de notre culte donneront au judaïsme algérien la place qui lui revient au sein du judaïsme français lorsque la paix sera de nouveau instaurée en Europe.

Doux rêves, dira-t-on, belles utopies que tout cela ! Nous croyons à la réalisation de ces rêves. Et puis, le sort des hommes et surtout la destinée d'Israël, n'est-ce pas de se consoler des misères présentes par la perspective des promesses de l'avenir ?

Mathieu WOLFF.

(30 juin 1916).

Juifs ou Français ?

Un journal antisémite a posé la question, la question délibérément injurieuse. Il a demandé quelle pouvait être l'attitude sur le champ de bataille d'un juif servant dans les
rangs français, et la moindre des hypothèses insultantes
émises par cette feuille de désunion nationale était qu'à tout
le moins ce juif vêtu de bleu-horizon ménageait soigneuse-
ment les juifs habillés de « feldgrau » qui défendent la
tranchée d'en face.

Assurément, l'homme qui vend quotidiennement pour un
sou d'antisémitisme papelard ou truculent professe un singulier mépris de ses lecteurs pour oser leur débiter de
pareilles sottises. En dehors de ces malheureux intoxiqués,
à quel Français de sens rassis ferait-il accepter qu'un soldat
français, quel qu'il soit, puisse épargner la vie d'un com-
battant allemand trié entre ses camarades ? Les zouaves,
dont les formidables attaques sur l'aile de von Kluck ont
sauvé Paris, comptaient dans leurs valeureux bataillons jusqu'à vingt et trente pour cent de juifs algériens : ces derniers eurent-ils le loisir, aux bords sanglants de l'Ourcq, de
faire choisir leurs baïonnettes entre le ventre du Boche
luthérien et la poitrine du Boche israélite ? C'est, en somme,
à des hésitations de ce genre qu'affecte de croire le rédac-
teur de la feuille en question : son excuse est de n'avoir
jamais mis les pieds sur un champ de bataille. Et l'assaut
est le seul instant où les adversaires s'aperçoivent, dans une
guerre qui se pratique à distance. L'action du fusil, de la
mitrailleuse meurtrière, de l'artillerie dévastatrice est loin-
taine...

« Le capitaine de réserve Helbronner (Paul), étant affecté
à l'état-major de l'artillerie d'un corps d'armée, a, par l'emploi opportun de sa grande science géodésique, permis à

son corps d'armée d'être un des premiers à disposer d'un plan directeur ; au cours des travaux prolongés qu'il a exécutés à cette occasion sur le front, a fait preuve, dans des situations très périlleuses, d'autant de courage que d'endurance (1). »

Ni le plus roué des antisémites professionnels ni la plus crédule de leurs dupes ne supposera que le plan directeur pour le tir de l'artillerie calculé par le capitaine Paul Helbronner ait été subordonné au besoin de respecter la vie des Allemands appartenant au culte mosaïque. Or, la

---

(1) Le capitaine de réserve Paul Helbronner, dont la citation est reproduite dans l'article de notre collaborateur Alsaticus, est le distingué représentant du Consistoire de Nancy au Consistoire central des Israélites de France.

Ancien élève de l'Ecole Polytechnique, M. Paul Helbronner avait entrepris l'étude des glaciers alpestres français. Il avait commencé à en dresser la carte véritablement scientifique lorsque la guerre éclata. Avant de « rejoindre », le capitaine Helbronner adressa à l'Académie des Sciences une communication sur l'état d'avancement de ses travaux, sur la méthode et les moyens propres à les terminer s'il venait à disparaître au cours des hostilités.

Nous souhaitons qu'il lui soit donné de parfaire son œuvre géodésique. Nous souhaitons que sa famille ne soit pas davantage éprouvée : on n'a pas oublié la mort glorieuse de M. Louis Helbronner, qui a succombé à ses blessures après avoir été l'objet d'une citation très élogieuse *.

M. Jacques Helbronner, capitaine d'infanterie, a été également cité à l'ordre du jour de l'armée **.

Une belle famille de soldats.

Citation à l'ordre de l'armée.

HELBRONNER (Louis), lieutenant d'état-major de la 12ᵉ brigade : « officier d'une haute valeur morale, d'un dévouement à toute épreuve et d'une valeur admirable. Mortellement blessé en portant un ordre sur le champ de bataille. »

(5 *février 1915. — Voir aussi la notice dans le fascicule IX : « L'hommage aux morts »*).

** M. Jacques Helbronner, dans le civil maître des requêtes au Conseil d'Etat, membre du Consistoire Central, vient d'être cité à l'ordre de l'armée dans les termes suivants :

HELBRONNER (Jacques), capitaine d'infanterie de réserve, à l'état-major d'une armée : « A été employé dès les premiers jours de la campagne comme agent de liaison avec l'armée anglaise, puis avec une de nos armées et un corps de cavalerie, enfin avec un corps d'armée. A rempli ces fonctions avec un zèle et une intelligence exceptionnels, dans des circonstances souvent périlleuses et délicates. Mérite les plus grands éloges. »

M. Jacques Helbronner a gagné son troisième galon sur le champ de bataille, où son frère M. Louis Helbronner, avocat à la Cour d'appel, trouva la mort après une conduite héroïque.

(14 *mai 1915*).

bataille moderne, à part quelques instants peu nombreux, c'est cela même : une entreprise scientifique et industrielle qui a pour but l'anéantissement par masses. Le projectile ne discerne pas.

Nos bons antijuifs n'en doutent nullement, soyez tranquilles, mais nous cherchent tout simplement une querelle... d'antisémites. Hé bien, soit ! Nous ne la fuirons pas. Ils voudraient nous embarrasser en nous contraignant, sur une accusation ridicule, à manifester des principes, à dire si nous sommes plus juifs que Français ou plus Français que juifs. Le piège est grossier ; nous attendions quelque chose de plus raffiné. Mais peu importe, nous répondrons volontiers à une question qui n'est pas de nature à nous troubler le moins du monde.

Il y a juste un siècle, au premier de l'an 1816, Louis XVIII admit les Consistoires luthérien, calviniste et israélite à lui présenter leurs hommages.

« Je reçois avec plaisir, dit le roi de France, les félicitations des *Français israélites*. Ils peuvent compter sur ma protection comme tous les sujets de mon Royaume. »

Ces paroles royales résument à merveille la charte du judaïsme français. Avec une brièveté qui ajoute à leur force, elles nous définissent exactement des Français israélites ; et elles nous placent sur un pied d'égalité naturelle avec les autres « sujets du Royaume ». Traduisez en langage d'aujourd'hui : « avec les autres citoyens de la République ».

J'en atteste les « Français israélites » tombés par milliers sur les champs de bataille et ceux qui, par centaines, ont mérité l'étoile de la Légion d'honneur, la croix de guerre, la médaille militaire ! J'affirme que les paroles de Louis XVIII ont proclamé un état de fait parfaitement authentique et contre lequel se briseront toutes les calomnies, des plus futiles aux plus odieuses. Malgré un acharnement tantôt hypocrite et tantôt cynique, les hommes qu'en ce moment nous nous refusons à nommer 'nos ennemis, parce qu'ils sont des Français et nous aussi, ces hommes, dis-je, ne réussiront pas à désunir ceux que la guerre a liés. Allez donc inciter le fils du soldat catholique mort pour la patrie à insulter l'orphelin israélite dont le père est tombé au même champ d'honneur ! Il vous répondrait : « Je ne peux pas : son père a peut-être été tué à côté du mien. »

L'autre jour, au service funèbre organisé par l'Union des Femmes de France (1), M. le grand-rabbin de Paris, dans une inspiration pleine de patriotisme, a heureusement associé le souvenir de Déborah et l'image de Jeanne d'Arc, les enseignements du Livre sacré et l'exemple impérissable de l'Héroïne française.

Félicitons et remercions le vénéré pasteur d'avoir donné ainsi une expression saisissante à nos sentiments de Français israélites, — de Français juifs, si vous préférez.

ALSATICUS.

(28 janvier 1916).

A propos d'un capitaine Dreyfus

Que le lecteur se rassure : il n'est pas question de rouvrir l'Affaire Dreyfus ; elle appartient aux historiens, qui ont, d'ailleurs, de quoi travailler sur une plus ample matière depuis que la folie des kaiserlicks a mis l'Europe à feu et à sang. Laissons le chef d'escadron Alfred Dreyfus commander les batteries d'artillerie territoriale qui veillent, avec tant d'autres, sur la défense de Paris. C'est d'un autre capitaine Dreyfus qu'il s'agit aujourd'hui, du capitaine René Dreyfus, dont le *Journal Officiel* vient de nous apporter la promotion et qui est apparenté de près à son homonyme. Mais je pense moins à sa personne qu'au groupe familial auquel il est fier d'appartenir et qui symbolise d'une manière vivante l'action patriotique du judaïsme français.

Le capitaine René Dreyfus est le gendre de M. Ernest

(1) Voir le fascicule VI.

Lang. Cette famille est complètement alsacienne, entièrement originaire des deux départements rhénans. Etablie sur le sol demeuré français, elle a gardé l'amour et les traditions du pays encore annexé. M. Ernest Lang est un israélite qui ne se cache pas : il siège au Consistoire central, où il serait digne de représenter, demain, Mulhouse et Colmar. Grand industriel vosgien, il a eu l'énergie de faire fonctionner son tissage d'Epinal pendant les moments estimés les plus critiques. J'ose à peine mentionner l'ouvroir qu'il a fondé à Paris et entretenu pendant les premiers trimestres de la guerre, à l'intention des femmes qui, atteintes par le terrible chômage du début, ne recevaient aucun secours officiel parce qu'elles n'étaient pas femmes de mobilisés : pour être accueillie, il suffisait d'être Française ou Belge et sans ressources. La fille aînée de M. Lang, aidée de quelques amies, organisa en quelques jours cette œuvre modèle, où de malheureuses « sans-travail » trouvèrent un foyer, des repas réconfortants, un travail doublement moralisateur puisqu'il les sauvait de l'oisiveté déprimante, tout en leur donnant la joie de coudre mille et mille objets utiles aux soldats, indispensables aux blessés.

Le fils de M. Lang, le lieutenant Georges Lang, s'est battu pendant une année à la tête de sa section d'alpins dans les forêts des Vosges. Gravement blessé par l'éclatement d'un shrapnell, il a été cité à l'ordre de l'armée (1). Il est actuellement aviateur sur le front de Champagne.

Des trois gendres de M. Ernest Lang, l'aîné est le médecin-major Zadoc-Kahn, fils du grand-rabbin à jamais regretté. Désigné pour la direction d'un hôpital de l'arrière, il demanda et obtint un poste plus exposé, une ambulance

(1) *Citation à l'ordre de l'armée.*
Lang (Georges-Emmanuel), sous-lieutenant au 22ᵉ bataillon de chasseurs : « Blessé une première fois, a continué son service sans vouloir se laisser évacuer. Au cours d'un violent bombardement, a été enseveli dans un abri. Blessé grièvement et se voyant perdu, s'est mis alors à chanter la *Marseillaise*, donnant ainsi un magnifique exemple à sa compagnie qui l'entendait ».
(26 janvier 1917).

du 2ᵉ corps d'armée, et fit la campagne de 1914, le mouvement vers le nord, la douloureuse retraite qui suivit Charleroi, la bataille de la Marne, la lutte sur l'Aisne. Il y gagna une croix de guerre bien placée (1) et un surmenage qui le contraignit à être évacué. Deux missions, l'une à Salonique, l'autre à Corfou (2), lui firent parcourir quatre fois la Méditerranée, où les sous-marins de la Kultur guettent jusqu'aux navires-hôpitaux. A présent, dans ce Midi où débarquent des soldats et des émigrants venus de tous les coins de l'Orient dangereux, il monte une garde vigilante et efficace contre les sournoises épidémies.

Le second gendre de M. Lang est le lieutenant d'artillerie Georges Hinstin, qui est sur le front depuis le premier jour. Commandant une batterie sous Verdun, il a été blessé devant Thiaumont et, lui aussi, décoré (3).

---

(1) Nous sommes particulièrement heureux de publier la citation à l'ordre de la division de M. le médecin-major Léon Zadoc-Kahn :

« Installé, du 15 au 18 septembre, dans un village copieusement bombardé, a fait preuve d'un sang-froid et d'un dévouement exemplaires en soignant des blessés dans les conditions les plus pénibles et les plus dangereuses. »

Nous adressons nos vives félicitations au distingué médecin en chef de l'hôpital de Rothschild. Noblesse oblige : quand on porte le nom de Zadoc-Kahn, on est toujours à l'honneur comme on est toujours au devoir.

(10 décembre 1915).

(2) Au cours d'une prise d'armes qui a eu lieu à Marseille, le 6 décembre, le colonel Markowitch, délégué du ministre de la guerre de Serbie, a remis la croix d'officier de l'ordre de Saint-Sierra au médecin-major Léon Zadoc-Kahn.

Cette distinction récompense les éminents services que le docteur Zadoc-Kahn a rendus à l'armée serbe quand elle se reconstituait à Corfou.

(8 février 1918).

(3) *Citation à l'ordre de l'armée.*

Hinstin (Georges), capitaine à la 7ᵉ batterie du 120ᵉ régiment d'artillerie lourde :

« Officier de la plus haute valeur, commande sa batterie au feu avec une maîtrise admirable ; a fait preuve en maintes circonstances de coup d'œil et de décision pendant les combats du 4 au 14 mars 1916 ; sa batterie étant particulièrement éprouvée, a donné le plus bel exemple de bravoure et de sang-froid, obtenant toujours de son personnel le meilleur rendement. »

(26 janvier 1917).

M. Georges Hinstin, capitaine (territoriale) au 120ᵉ régiment d'artil-

Le troisième est le capitaine Dreyfus qui, sur sa demande, a quitté l'artillerie pour l'aviation. C'est à la suite de quelques expéditions de bombardement qu'il a mérité son troisième galon.

Et c'est tout : M. Lang n'avait pas d'autre enfant à donner à la France.

Il me reste à m'excuser auprès de lui d'avoir parlé de lui. Mais son cas est si représentatif que l'on n'aurait pu trouver meilleure façon de montrer comment se sont conduits, dans cette guerre, les Français israélites de la vieille roche alsacienne. Personne n'a l'intention, ici, de décerner des prix d'excellence ; l'on dira, un jour, la vaillance de nos compatriotes et coreligionnaires des départements méridionaux et algériens ; et ce ne sont pas les lecteurs de ce journal qui peuvent ignorer la gloire émouvante des héros de la Légion, de ces Juifs russes et roumains dont Litwak demeurera le plus illustre exemplaire. Aujourd'hui, à propos d'une famille connue, on a voulu montrer comment un groupe social bien défini, ainsi que dirait M. Barrès, entend pratiquer son devoir de guerre, pleinement et avec une parfaite simplicité.

Evidemment, on trouverait, sans chercher, beaucoup d'autres familles françaises qui ont rempli leurs obligations patriotiques avec la même volonté, avec un égal dévouement. Oui, beaucoup de familles françaises : c'est le mot propre, et je n'ai pas pensé à dire autre chose.

ALSATICUS,

(8 septembre 1916).

leurie lourde (5e groupe), a été nommé chevalier de la Légion d'honneur, avec le motif suivant :

« Officier particulièrement brave et calme. A obtenu, au cours des combats..., de tout son personnel, les plus brillants efforts et une ardeur exceptionnelle. Une blessure (A déjà reçu la Croix de guerre) ».

Le capitaine Georges Hinstin est le gendre de M. Ernest Lang, le grand industriel d'Epinal, membre du Consistoire central.

(7 septembre 1917).

A propos de Normaliens israélites

Au dire du Talmud, l'humanité sera sauvée quand aux plus abominables forfaits sera opposée la plus sublime vertu.

Cette guerre, déchaînée par l'orgueil et la convoitise, nous montre un abîme d'horreurs : pillage, rage de destruction et de meurtre. Mais, au-dessus de cet affreux spectacle, brillent comme une clarté grandissante la justice, la bonté et le dévouement qui débordent du cœur de nos soldats, et ceci vaincra cela : la bonté et l'amour triompheront de la méchanceté.

Ce qui caractérise le courage français, c'est qu'il est humain. Malgré leurs souffrances, nos soldats se montrent bons camarades, affectueux, dévoués, accessibles à la pitié ; le plus robuste se charge souvent de la corvée du camarade plus faible. Cette affection, ils l'éprouvent également pour leurs chefs. J'ai vu pleurer un blessé qu'on ramenait des lignes de la Somme. Je croyais d'abord qu'il se lamentait sur sa blessure. Non. Il pleurait parce que le même obus avait également blessé son colonel.

Cette héroïque bonté, qui s'élève comme un effluve des couches profondes du peuple, doit, à plus forte raison, jaillir de l'âme de l'élite de la nation.

J'ai sous les yeux les deux Annuaires de l' « Association Amicale des Anciens Elèves de l'Ecole Normale Supérieure » pour 1915 et 1916. Parmi les éloges qu'on y décerne aux nobles jeunes gens, promis au plus brillant avenir et morts si simplement et si héroïquement, il est à peine question de leur science, de leur intelligence. Ce sont les qualités du cœur qu'on fait surtout valoir, leur bonté, leur droiture, leur délicatesse et leur modestie.

Nombreux sont les noms israélites qui figurent dans ce palmarès de la plus pure gloire patriotique. Pour illustrer par quelques beaux exemples cette grandeur morale de l'âme française, semblable en tous points à la claire âme juive, je rapporterai quelques traits tirés des notices consacrées à quelques-uns de ces héros.

Hertz (Robert), mort au champ d'honneur le 13 avril 1915 : Reçu premier à l'agrégation de philosophie. Caractère d'une rare élévation, extraordinaire modestie. Affecté d'abord à un poste peu dangereux, il écrit à sa femme : « Il faut que je l'avoue, j'envie presque ceux qui sont plus exposés. J'ai la nostalgie de cette région ardente où se consomme le plein sacrifice, » Son vœu est exaucé. Aussitôt arrivé en première ligne, l'attaque se prépare. On est sûr d'aller à la mort. Calme admirable de Hertz (1).

Il faut lire d'un bout à l'autre ces magnifiques lignes, si vibrantes de tristesse, tracées sur lui par Emile Durkheim.

Car cet héroïque père néglige de nous apprendre que son fils, le lieutenant André Durkheim, est, lui aussi, tombé glorieusement. Blessé en Serbie, il avait refusé de se laisser évacuer pour ne pas gêner le mouvement de retraite de nos troupes.

Le sous-lieutenant Javal demande à partir pour rejoindre son corps bien qu'incomplètement rétabli d'une fièvre typhoïde. Tué à l'ennemi.

Lucien Ulmo, de Toulouse, tué le 1ᵉʳ septembre 1914. Il était le sixième et dernier enfant ; ses cinq frères étaient morts avant lui. Sans ressources, il était parvenu par ses seuls efforts à être admis simultanément à l'Ecole Polytechnique et à l'Ecole Normale.

Inutile de continuer à citer la vie ou plutôt la mort des David, des Blum, des Lévy, des Cahen. Tous se ressemblent par leurs belles actions et leur noble vertu, et, comme a dit M. Boutroux : « L'histoire rapportera maint exemple de l'entrain avec lequel ils sont partis. Tel Albert Lévy,

____

(1) Sur Robert Hertz, voir plus loin, p. 33-35.

professeur du cours de Saint-Cyr au lycée Saint-Louis qui, âgé de 47 ans, s'est engagé dès le début de la guerre. » (1).

Qu'il me soit permis seulement de faire une place dans cette brillante pléiade à une... jeune fille. Elle appartient à l'Université à plus d'un titre, ayant concouru notamment pour l'agrégation. Son extrême modestie me fait une loi de la désigner seulement par ses initiales : L. S...

Le judaïsme français consacrera plus tard un chapitre spécial à nos admirables sœurs laïques qui ont, elles aussi, consacré leurs veilles et leur dévouement au service de la patrie et dont le nombre est plus grand qu'on ne croit (2). Dès le début de la guerre, le gouvernement avait proposé à Mlle S... un poste de professeur dans un lycée de garçons. Elle refusa, ne voulant pas, disait-elle, pendant que ses camarades se faisaient tuer à la frontière, profiter de leur place. Elle s'engage comme simple infirmière et, accompagnée de sa mère, également volontaire, elle part, elle aussi, pour le front, d'abord, en Alsace et ensuite en Argonne. Toutes deux ont, durant ces deux années, déployé, au témoignage des médecins-chefs, dans les circonstances les plus pénibles, et j'ajouterai souvent dangereuses, un zèle, une activité et un dévouement sans bornes.

Puissent tant d'abnégation, tant de nobles sacrifices, assurer bientôt le triomphe de la France et le salut de l'humanité !

M. F...,

(1er décembre 1916).   *Aumônier militaire.*

(1) A la réunion générale des Anciens élèves de l'Ecole Normale Supérieure, M. Boutroux a cité les normaliens qui se sont distingués dans la guerre actuelle. En tête de ce glorieux palmarès, il a nommé « Albert Lévy, professeur du cours de Saint-Cyr à Saint-Louis, qui, âgé de quarante-sept ans, s'est engagé dès le début de la guerre et qui a été nommé sous-lieutenant le premier de son peloton ». Ainsi, ajouterons-nous, il a donné un bel exemple aux Saint-Cyriens qu'il était chargé de préparer.
(19 mars 1915).
(2) Voir le fascicule X : « Le salut aux braves ».

Voici quelques citations glorieuses propres à illustrer un article que nous avons publié il y a quelque temps sous ce titre : « A propos de Normaliens israélites » :

Pierre Javal, élève de l'Ecole normale supérieure, sous-lieutenant au 164e régiment d'infanterie, cité à l'ordre de l'armée :

« A été tué à la tête de sa section au moment où il l'entraînait avec une grande énergie à l'attaque des tranchées de Marchéville. » (Ordre du 12 décembre 1914 ; *Journal Officiel* du 26 janvier 1915).

André Durkheim, élève de l'Ecole normale supérieure, sous-lieutenant au 43e régiment d'infanterie (fils du professeur à la Sorbonne) :

« Officier de grand mérite. Blessé en France ; blessé à nouveau, et mortellement, en Serbie, alors qu'il assurait, avec une nette compréhension de la situation, le repli ordonné à ses hommes. » (*Journal Officiel* du 12 mars 1917).

Roger Cahen, élève de l'Ecole normale supérieure, sous-lieutenant au ...e régiment d'infanterie, tué le 23 février 1916, cité à l'ordre de la brigade :

« Officier dévoué et courageux, plein de sang-froid. A été tué le 23 février 1916, au milieu de ses hommes, au moment où il donnait avec calme l'ordre de s'abriter contre une rafale d'artillerie ennemie. » (1).

(*16 mars 1917*).

(1) Sur Roger Cahen, voir plus loin, p. 36 et suivantes.

Le Judaïsme français et la Guerre

D'APRÈS M. BARRÈS

Nous tenons à reproduire les deux articles (« Echo de Pa-ris » du 11 et du 13 décembre) que M. Maurice Barrès a con-sacrés aux israélites dans sa série « Les diverses familles spirituelles de France », malgré les erreurs de détail et surtout les lacunes. Nos lecteurs qui ont suivi l'Univers Israélite depuis la guerre sont à même de compléter et de rectifier. Notre excellent collaborateur Alsaticus s'en est du reste chargé plus haut (1), magistralement.

Une grande affaire d'Israël, dans son éternelle pérégri-nation, c'est de se choisir une patrie. Il ne la tient pas toujours de ses aïeux ; il l'acquiert alors par un acte de volonté et sa nationalité est sur lui comme une qualité dont il se préoccupe de prouver qu'il est digne.

En France, beaucoup d'israélites, fixés parmi nous de-puis des générations et des siècles, sont membres naturels du corps social ; mais ils sont préoccupés que leurs core-ligionnaires nouvellement venus en France fassent leurs preuves de loyalisme.

Aux premiers jours de la guerre, quand une émotion hostile se produisit dans l'ancien ghetto parisien (au 4ᵉ arrondissement) autour des juifs de Russie, de Pologne, de Roumanie, de Turquie, une réunion se tint chez l'un des rédacteurs du journal le *Peuple juif*, qui en donne le récit : « Ne croyez-vous pas, dit quelqu'un, qu'il soit nécessaire d'ouvrir une permanence spéciale pour les engagés juifs étrangers, afin que l'on sache bien que les juifs eux aussi ont donné leur contingent ? »

(1) Voir plus loin, p. 45.

Le jour même un appel en français et en yddisch fut lancé aux juifs immigrés, les invitant à venir s'inscrire dans les salles de l'Université populaire juive, 8, rue de Jarente. Ils l'accueillirent avec enthousiasme, comme un bouclier, et, dit le *Peuple juif*, « pas un commerçant juif des quartiers juifs ne s'abstint d'en apposer un exemplaire à sa devanture, bien en évidence... Dès le lendemain, une foule énorme se pressait dans les salles de l'Université populaire juive... Chacun voulait être inscrit au plus tôt et être en possession de la carte attestant son engagement ; carte magique qui rompait les files d'agents dans les services d'ordre et apaisait le courroux des concierges et des voisines trop zélées. » (*Le Peuple juif*, octobre 1916.)

Des jeunes gens de bonne volonté, des intellectuels ce semble, interrogeaient, renseignaient, prêchaient, inscrivaient ces recrues disparates. Le plus zélé était un jeune juif de 22 ans, élève de l'Ecole des Ponts et Chaussées, petit, chétif, les yeux ardents, presque fébriles, une âme forte et envahissante. Enthousiaste, il rêvait de mettre debout une véritable légion juive. Rothstein était un sioniste. Par ce gage donné à la France, il ne doutait pas de servir la cause d'Israël.

Comment l'entendait-il ? Pensait-il obtenir de la victoire des Alliés la réalisation des projets si curieux, qui ne vont pas sans grandeur, du docteur Herzl, ou plus simplement et plus sûrement voulait-il augmenter par des sacrifices la force morale, l'autorité d'Israël ? Quoi qu'il en soit, un mot qu'il prononça ne laisse pas de doute sur la vigueur et la direction de sa pensée. Il donnait rendez-vous à ses amis après la guerre en Palestine.

Quand tous furent engagés, lui-même signa la feuille d'enrôlement.

Parti simple soldat, Amédée Rothstein fut promu sous-lieutenant, puis cité à l'ordre de l'armée pour avoir « montré une fougue et un sang-froid remarquables, qui ont fait l'admiration des officiers d'infanterie et de ses hommes », enfin nommé chevalier de la Légion d'honneur pour « s'être particulièrement distingué le 26 septembre 1915

en sortant le premier des tranchées et en entraînant vigoureusement ses hommes, ce qui a contribué à donner un
élan superbe à la première vague d'assaut ».

On aimerait connaître les pensées, les étonnements, les
sympathies, les espérances de ce jeune héros d'Israël au
milieu des soldats et des paysages de la France, dans une
atmosphère morale si différente de son propre esprit, mais
dont il s'enivrait et voulait s'enrichir.

J'ai lu de lui une analyse de la thèse de Pinès sur la
« Littérature judéo-allemande », analyse écourtée, bien
sèche, qui fait regretter un travail plus considérable, « trop
subjectif, trop personnel », nous dit-on, qu'il avait consacré au même sujet. Telles quelles, ces dix pages, où il
écoute le peuple juif parler, montrent son idée fixe, son
obsession des souffrances et des espoirs d'Israël, et son
regard tourné vers la Palestine. Il semble mettre au-dessus
de tout le sentiment de la fierté nationale qu'il se préoccupe de concilier avec l'idéal humanitaire.

Nous possédons ses *Ultima verba* dans une lettre adressée
à son aumônier, M. Léon Sommer (1) : « Actuellement,
dit-il, je tiens ma vie comme entièrement sacrifiée, mais si
le sort veut bien me la laisser, à la fin de la guerre je la
considérerai comme ne m'appartenant plus, et, après avoir
fait mon devoir envers la France, je me dévouerai au beau
et malheureux peuple d'Israël dont je suis issu. Mon cher
aumônier, au cas où je viendrais à disparaître, j'aimerais
bien dormir sous l'égide de David. Un « Maguen David »
me bercerait peut-être d'un dernier frisson, et mon esprit
se complaît à la pensée de dormir mon sommeil éternel à
l'ombre du symbole de Sion ».

Le 18 août 1916, le sous-lieutenant Rothstein tombait, à
la tête de ses hommes, frappé d'une balle au front.

Il y a quelque chose de douloureux et d'attachant dans
cette destinée d'un jeune esprit qui regarde le monde et la
vie exclusivement à travers la nation juive et qui meurt
au service de ceux qu'il aime le plus, mais dont il tient à

____

(1) Voir le fascicule VIII.

se distinguer. C'est une des épreuves innombrables d'Israël errant.

Maintenant, approchons-nous d'un pas, et de cet ami du dehors venons à nos adoptés.

Les juifs d'Algérie, durant cette guerre, nous font voir Israël qui vient de se lier à la civilisation française et qui désire ardemment coopérer à nos droits, à nos devoirs et à nos sentiments. Il y a quarante-cinq ans, ils ne participaient à aucun droit. Crémieux soudain leur accorda un privilège qui a fort bouleversé les Arabes. Il les décréta citoyens français. La noblesse de ce titre, les prérogatives qui lui sont attachées et nôtre éducation semblent les avoir transformés en patriotes. Leurs pères ne connaissaient que le commerce, mais eux vibrèrent à l'appel aux armes. Ils partirent, me dit-on, avec un grand enthousiasme. Un témoin m'assure qu'on les entendit s'écrier : « Nous courrons aux Boches, et nous leur enfoncerons nos baïonnettes dans le ventre au cri de l'Eternel ». Le cri est superbe et emmène notre imagination vers les vieux temps bibliques et l'épopée des Macchabées. J'aimerais avoir sur l'activité guerrière des israélites d'Algérie d'autres précisions que je n'ai pu me procurer (1) ; mais, passant à un autre compartiment de ce même chapitre des adoptés qui se conduisent en bons Français pour payer et justifier leur adoption, j'apporte un témoignage certain, qui nous met devant une âme noble et véhémente et qui nous introduit au milieu dès tourments intimes de l'Israël francisé.

J'ai entre les mains la correspondance familiale de Robert Hertz, élève de l'Ecole normale supérieure, professeur de philosophie au lycée de Douai, fondateur des *Cahiers du socialisme*, fils d'un israélite allemand. Et c'est ce dernier point qui fait le tragique de sa position et de sa pensée. Ses lettres à sa femme sont admirables de plénitude et de chaleur. Je lui fais tort si je ne vous dis pas

(1) Voir tout le fascicule VII : « Le judaïsme algérien ».

son amour de son foyer, sa vigoureuse curiosité intellectuelle qui s'exerce de la manière la plus originale au cours même de la guerre, sa pleine satisfaction dans cette discipline militaire où il satisfait ce qu'il appelle sa « nostalgie de la cathédrale absente », enfin sa volonté indomptable et bien réfléchie d'aller « jusqu'au bout ». A plusieurs reprises, mon nom blâmé, loué, revient sous sa plume, et j'écoute nos accords et nos désaccords avec la plus grande attention, car la guerre ne laisse rien en nous que nous refusions de reviser. Mais je ne m'arrêterai pas ; j'ai hâte d'aller presque brutalement, — c'est pour l'honneur de ce Robert Hertz, — jusqu'à sa pensée toute nue et frémissante. « Si je tombe, écrit-il à sa femme, je n'aurai acquitté qu'une toute petite part de ma dette envers le pays... »

Et là-dessus, ce morceau capital :

« Chère, je me rappelle des rêves de quand j'étais tout petit, et plus tard lycéen, là-bas, dans la chambre près de la cuisine, avenue de l'Alma. De tout mon être je voulais être Français, mériter de l'être, prouver que je l'étais, et je rêvais d'actions d'éclat à la guerre contre Guillaume. Puis ce désir d' « intégration » a pris une autre forme, car mon socialisme procédait de là pour une large part. Maintenant le vieux rêve puéril revit en moi plus ardent que jamais : Je suis reconnaissant aux chefs qui m'acceptent pour leur subordonné, aux hommes que je suis fier de commander, eux, les enfants d'un peuple vraiment élu. Oui, je suis pénétré de gratitude envers la patrie qui m'accepte et me comble. Rien ne sera trop pour payer cela, et que mon petit gars puisse toujours marcher la tête haute et dans la France restaurée ne pas connaître le tourment qui a empoisonné beaucoup d'heures de notre enfance et de notre jeunesse. « Suis-je Français ? Mérité-je de l'être ? » Non, petit gars, tu auras une patrie et tu pourras faire sonner ton pas sur la terre en te nourrissant de cette assurance. « Mon papa y était et il a tout donné à la France. » Pour moi, s'il en faut une, cette pensée est la plus douce récompense. Il y avait dans la situation des Juifs, surtout des Juifs allemands, nouvellement immigrés, quelque chose de louche et d'irrégulier, de clandestin et de bâtard. Je considère cette guerre comme une occasion bien venue de « régulariser la situation » pour nous et pour nos enfants. Après ils pourront travailler, s'il leur plaît, à l'œuvre supra et internationale, mais d'abord il fallait montrer par le fait qu'on n'est pas au-dessous de l'idéal national... » *(Lettres communiquées.)*

L'auteur de ce testament l'a signé de son sang, certifié de sa mort. Robert Hertz a été tué le 13 avril 1915 à Marchéville, étant sous-lieutenant au 330e d'infanterie. Je ne crois pas qu'il soit possible de trouver un texte où s'affirme avec plus de force et d'émotion le désir passionné d'Israël de se confondre dans l'âme française.

Nous venons de voir des israélites nouvellement venus parmi nous et chez qui la part irraisonnée, quasi animale qu'il y a dans notre amour de la patrie (comme dans notre attachement à notre mère) n'existe pas. Leur patriotisme est tout spirituel, acte de volonté, décision, choix de l'esprit. Ils préfèrent la France ; la patrie leur apparaît comme une association librement consentie. D'ailleurs, j'entends bien qu'ils peuvent trouver dans cette situation même une raison de se dévouer, et Robert Hertz, fils d'Allemand, nous a fait voir en termes admirables que se connaissant comme un adopté il voulait se conduire de manière à mériter son adoption.

Mais il est d'autres israélites en grand nombre, enracinés depuis des siècles et des générations dans le sol de France et mêlés familièrement aux bonheurs, aux malheurs de la vie nationale. Je me demande, comme nous avons fait pour les catholiques et les protestants, ce qu'ils trouvent de soutien patriotique dans leur religion. Que subsiste-t-il en eux du vieil Israël pieux, et quel secours celui-ci offre-t-il à ses fils engagés dans la guerre ?

M. le grand-rabbin du Consistoire central de France, dans une lettre que j'ai sous les yeux, répond : « Mes aumôniers et moi, nous avons constaté depuis le début de la guerre chez les soldats israélites une grande recrudes-

cence de foi religieuse s'alliant à l'enthousiasme patriotique. » Cependant, je n'ai pas de textes. J'indique en toute
bonne foi les lacunes de mon enquête. Les documents que
je possède sur l'élite morale des israélites ne me font connaître que des consciences qui paraissent vidées de leur
tradition religieuse. Ce sont des libres-penseurs.

Les libres-penseurs issus du catholicisme ou du protestantisme vivent, pour une grande part, du vieux fonds
chrétien ; ils furent préparés, durant des siècles, dans les
petites églises de village. Mais ces israélites, de quoi sont
faits leur dévouement et leur acceptation ? Que leur dit la
Sagesse qui repose dans l'ombre de la vieille synagogue ?
Vers quel synonyme de Jéhovah sont-ils inclinés quand ils
prononcent le *Fiat voluntas tua* ? Et comment se nuance
leur consentement sur cette gamme morale qui va de l'attente douloureuse au joyeux appétit du sacrifice ?

Un jeune juif nous donne une réponse à ces grandes
questions. Roger Cahen, sorti depuis peu de l'Ecole normale supérieure, âgé de moins de 25 ans, est sous-lieutenant dans les bois de l'Argonne. Sous le feu allemand, il se
livre avec volupté à des examens de conscience dont ses
lettres nous donnent le dessin. Claires et fortes, avec tous
les germes qui annoncent le grand talent, elles respirent la
confiance d'un jeune intellectuel qui, parlant à sa famille,
à des amis sûrs, à son ancien maître, M. Paul Desjardins,
ne craint pas d'étaler sa fierté et sa liberté spirituelle. Ce
sont autant de petites méditations où l'on voit que le jeune
soldat ne cherche et ne rencontre que lui-même dans tout
le chaos de cette guerre. Roger Cahen ne s'aventure pas
au-delà du cercle de clarté que répand sa petite flamme
intérieure. « Je ne crois à aucun dogme d'aucune religion », écrit-il. C'était son opinion avant la guerre ; il s'y
confirme en décembre 1915, deux mois avant sa fin héroïque. « Je viens de lire la Bible. Elle est pour moi un recueil de contes, de vieilles et charmantes histoires. Je n'y
cherche et n'y trouve pas autre chose que des émotions
poétiques ».

Ce sont des émotions poétiques encore qu'il cherche dans

la guerre, et il en trouve de fort belles. Je le crois tout à
fait quand il écrit : « J'ai en moi une abondance de gaieté
indéfiniment renouvelable, une âme toute fraîche et nette,
accueillante à tous et à toutes les sensations. J'ai chaque
matin l'impression que je viens seulement de naître et que
je vois le vaste monde pour la première fois... » Certaines
de ses lettres écrites sur ses genoux, à la lueur d'une pauvre bougie, à cinq mètres sous terre, sont d'un grand lyri-
que. Ecoutez avec piété ce fragment de l'éternelle poésie :
« Splendeur du jour naissant, aucun hymne n'égalera
celui qui monte dans l'âme des hommes qui veillent dans
les tranchées quand, après des heures d'attente, ils sen-
tent et voient apparaitre et grandir le jour triomphant. A
ces instants-là, j'ai tout un orchestre en moi. Si je pouvais
noter ces chants intérieurs qu'aucun concert ne me rendra
jamais ! Si vous saviez combien elles sont riches et belles
les émotions que donne la venue au monde du jour bien-
aimé ! »

Je n'entendrai jamais les prisonniers de *Fidelio* monter
sur la tour sans asssocier à la musique sublime de Beetho-
ven cette voix du petit sous-lieutenant... Une nuit, voyant
venir dans le ciel, à la lueur des fusées, une flotte de nua-
ges chargés de pluie, il les salue en lui-même du chant des
mariniers du premier acte de Tristan. « Les seuls événements de mon histoire, note-t-il au fond des tranchées de
première ligne, ce sont les changements de l'ordre nåtu-
rel : la tombée de la nuit, la naissance du jour, un ciel
couvert ou étoilé, la chaleur ou la fraîcheur de l'air. Cette
confusion avec la vie du monde donne à notre vie une
grandeur, une beauté incomparables. »

Ainsi nourri, ainsi attaché à la splendeur universelle, il
défie le destin. « J'ai confiance que quoi qu'il arrive aujourd'hui, demain, dans huit jours, je me suis monté assez
haut pour dominer les événements et ne les regarder
qu'avec curiosité. » Et le voilà qui lève le nez vers le ciel :
« Le ciel est tout bleu. Bourdonnement d'avions. Nous as-
sisterons encore aujourd'hui à des luttes. A voir les avions
se chercher, foncer l'un sur l'autre, se mitrailler, repren-

dre le large, revenir à la charge jusqu'à ce que l'un des deux s'enfuie ou tombe, je retrouve tout pur le plaisir passionnant des courses de taureaux : émotion pareille, l'arène est en haut. »

Aussi, arrive-t-il à cette profession de foi :

« Au risque de vous paraître fou, je déclare en mon âme et conscience que j'aime être ici ; j'aime la tranchée de première ligne comme un « pensoir » incomparable : on y est ramassé sur soi-même, toutes ses forces rassemblées ; on y jouit d'une entière plénitude de vie. J'y suis comme sous un réflecteur, je m'y vois dans une clarté toute crue, avec une lucidité qui mieux que n'importe quel bureau de travail facilite l'analyse... Je lis peu, j'ai plus de plaisir à voir autour de moi, à essayer de démêler et de coordonner mes impressions ; travail de prolongement et d'approfondissement ; ce que mes hommes font pour les boyaux, je le fais en moi-même. »

Si vous étiez disposé à la longue à trouver ce dilettantisme un peu voulu, hâtez-vous de reconnaître dans cette volonté, qui de toute manière serait méritoire, un fond bien touchant de tendresse. Ces lettres, le courageux enfant les écrit à ses parents. A-t-il cette tranquillité toujours dans son cœur ? Je le crois. Mais je suis sûr aussi qu'il veut la donner aux siens. Eh bien, quoi ! ne cesse-t-il de leur répéter, en fin de compte, c'est un enrichissement d'images et de sensations nouvelles :

« Je suis heureux comme un homme à qui l'on offrirait une touffe de roses à respirer. Et puis l'habitude de ne contempler que des spectacles de la plus grande poésie m'agrandit l'âme... Cette campagne aura été pour moi, comme je m'y attendais, une excellente épreuve. Elle m'aura fait un homme ; elle m'aura appris que je puis m'assurer toujours sur moi-même. Elle m'aura élargi la vue (toute ma vie intérieure est devenue plus facile, plus large — large comme une avenue où j'aimerais voir aller et venir beaucoup de passants) — surtout en me montrant les effets que peuvent avoir sur les autres un visage égal, souriant, accueillant à n'importe quelle heure, et quelques bonnes paroles ».

A chacune de ses lettres, sa conclusion ne manque jamais d'être qu'il se tient désormais pour un bon et solide instrument. C'est le refrain et le ressort de sa pensée quotidienne. Il a trouvé sa règle et sa voie. Il est sûr de lui.

Pour définir sa méthode et son état d'esprit, son culte ou sa culture du moi, il trouve une quantité d'expressions pleines d'esprit : « Réjouissez-vous, écrit-il à ses parents, mais non d'un joie de primitif, à la façon des Boches, d'une joie « critique ». Un autre jour, voulant indiquer la monotonie des journées et des heures et son repos quasi-monastique d'esprit, il écrit : « Je jouis du sentiment de la continuité. » Et encore : «-J'étais fait pour cette vie aventureuse... Je jouis de l'exercice voluptueux de ma volonté. »

Son refrain dans cette dure vie ne varie pas un instant. Chaque jour, il note : « Je crois faire de sérieux progrès intérieurs. Je rapporterai une magnifique collection d'images et d'impressions. »

A la longue, on s'en offenserait. Vraiment, dans un tel drame, cette volupté de collectionneur... Eh ! il est à la peine, ce vaillant, nous n'allons pas lui chicaner son droit de prendre son réconfort où il le trouve ; admirons plutôt qu'il se crée de la volupté là où tant d'autres gémiraient. Une nuit qu'il est de garde dans la tranchée, entre une et quatre heures, et que les balles et les grenades s'écrasent contre le parapet, il note les combinaisons et le scintillement des étoiles, et ajoute : « Il faudra que j'apprenne l'astronomie. »

Cela est très beau. Et cela lui est utile pour être un brave. C'est en suivant sa volupté qu'il s'achemine à l'héroïsme.

Notons-le en passant : Roger Cahen est justifié par Pascal, qui disait dans sa haute sainteté : « L'homme est esclave de la délectation ; ce qui le délecte davantage l'attire infailliblement. » Pascal avec les jansénistes présentait là une doctrine de saint Augustin, qui lui-même l'avait prise chez Virgile. A leurs yeux, c'était en outre une vérité de sens commun : « On ne quitte les biens de la terre que parce qu'on en trouve de plus grands au service de Dieu. »

Roger Cahen, qui aimait lire Virgile dans sa tranchée, aurait pour devise *Trahit sua quemque voluptas*. Telle était sa voie pour prononcer à son tour et à sa manière le *Fiat volontas tua*.

« Je tâche de mettre à profit mon isolement et l'acuité que donne le danger pour mieux me connaître. Si vous saviez avec quelle simplicité on se considère et on se juge dans ce pays ! J'ai réussi jusqu'à présent à me maintenir dans un état d'égalité et d'insouciance philosophique, de constante acceptation. »

Le voilà, le mot de tous ! Et ce n'est pas le mot seulement, c'est bien la pensée. Toute chaude, toute noble, profondément douloureuse pour ceux qui l'écoutent avec une parfaite sympathie, mais pour lui nuancée de paix joyeuse :

« Je me suis interdit de porter des jugements de valeur sur les événements de ma vie : je les accepte tous comme des occasions que m'offre le sort pour mieux me connaître et m'améliorer. »

Et encore :

« Je regarde. Je me laisse émouvoir. Ne suppose pas que je fais des efforts d'intelligence pour voir les choses et les hommes à leur place dans le tout : aucun vraiment. J'ai fait cet effort-là autrefois, dans la première partie de la vie, avant la guerre. Maintenant le pli est pris. Délivrance de toute tension. La vie me paraît simple, simple, et toujours si admirable que je ne comprends pas qu'on ne s'y prête avec reconnaissance. »

Un des jeunes amis à qui il adresse ces belles lettres cherche à le classer, et lui dit : « Tu es fataliste ». Roger Cahen proteste avec vivacité : « Ni fataliste, ni déterministe ; j'accepte seulement avec amour tous les événements qui sont créateurs de sentiments nouveaux, de forces nouvelles ; je suis celui qui espère toujours, je suis persuadé que le Messie est à venir. »

Un autre jour, il écrira : « Je suis une âme très pieuse, mais ma piété est celle de Jean-Christophe : « Sois pieux envers le jour qui se relève. » Mon Dieu, c'est le Temps, le Temps très bon et très puissant. »

Enfin, à la veille de sa mort, cette belle page :

« J'ai été purement stoïcien entre quinze et dix-sept ans ; j'avais alors Marc-Aurèle constamment sur ma table et je me grisais à froid d'Épictète... Depuis la guerre, j'ai dépassé et abandonné la doctrine stoïcienne ; je n'avais plus besoin de cet échafaudage, je l'ai mis bas. J'étais mal à l'aise dans son déterminisme, et puis, elle me paraissait vraiment trop sèche et manquer de cœur. Je continue à croire que la principale vertu est l'effort de la raison pour voir les choses à leur place dans l'ensemble, pour les « remettre au point » en toute vérité et simplicité et à mon détriment s'il le faut, quelque douloureux que ce soit, mais je ne crois pas que le monde soit pénétré de raison. Je constate qu'il est mené uniquement par les sentiments et les passions. »

Quelle solitude dans ces réflexions ! On peut hardiment supposer que ce petit recueil de lettres exprime une manière de penser qui fut à peu près unique dans les ravins de la Fille-Morte. Roger Cahen est seul en face de la nature.

« J'ai été habitué de longue date à la solitude ; j'ai appris à l'aimer et à la rendre féconde ; je travaille intérieurement le plus possible ; je sais vivre au milieu des gens qui me sont indifférents comme si j'étais seul, sans récriminations insensées contre eux et sans me ronger moi-même, en toute paix, avec un complet détachement de ceux auprès desquels je dois vivre ; enfin, tout ce que je vois autour de moi : pays, ciel, forêts et scènes humaines, tout est si beau, si beau, que la joie de la contemplation est constamment la plus forte. Avec les camarades, je me contente de relations de politesse ; avec la nature, j'ai d'intimes, émouvantes et très douces relations d'affection. »

C'est vrai qu'il est différent ; mais comment le lire, ce jeune intellectuel de 25 ans, mort pour la France, sans l'aimer ? Certes, il est heureux qu'à côté de lui il y ait eu Péguy, Psichari, Marcel Drouet, et les jeunes Léo Latil, Jean Rival et Cazalis, enfants tout lumineux. Sa liberté d'esprit, son isolement, sa nature fine et noblement voluptueuse sont tout de même une forme bien élégante et bien forte du courage. Et puis il se rattache à notre terre par sa culture ; il écrit dans sa cagna en se servant de Montaigne comme d'un pupitre, il raffole de la *Chartreuse de Parme*. Seul, absolument seul jusqu'à cette heure, il nous représente au milieu de la guerre une attitude d'amateur qui fut celle, vis-à-vis de la vie, d'un nombre immense de jeunes lettrés. Leurs domaines imaginaires furent submergés par le flot d'émotion qui leur monta au cœur ; ils se livrèrent, dans le vaste océan, à la commune passion. Où sont les cénacles de la *Revue Indépendante*, de la *Revue Blanche* ? Roger Cahen continue, renouvelle, élargit une conception de l'existence que nous avons tellement aimée il y a un quart de siècle. Il l'héroïse. Tombé au champ d'honneur, dans cette Argonne où durant six mois il avait inlassablement écouté dialoguer ses pensées, il est porté à l'ordre de la 18ᵉ brigade d'infanterie (1) et pleuré, nous dit un sergent, par les hommes de sa compagnie.

...Roger Cahen, Robert Hertz, Amédée Rothstein, toutes ces figures vigoureusement caractérisées offrent quelque chose de rare et de singulier. J'aime suivre en elles les âges divers, les étapes, la formation d'un personnage, le jeune intellectuel juif qui joue un grand rôle depuis plusieurs années en France, mais je ne les donne pas comme représentatives de la communauté israélite française. Les vieilles familles enracinées par des générations dans le sol de France aimeront mieux prendre pour héros exemplaire et pour étendard le grand-rabbin de Lyon, qui tombe au champ d'honneur en offrant un crucifix au soldat catholique mourant (2).

Dans le village de Taintrux, près de Saint-Dié, dans les Vosges, le 29 août 1914 (un samedi, le jour saint des juifs), l'ambulance du 14ᵉ corps prend feu sous le tir des Allemands. Les brancardiers emportent au milieu des flammes

(1) Voir plus haut, p. 29.
(2) Voir le fascicule IX.

et des éclatements les cent cinquante blessés. L'un de ceux-ci, frappé à mort, réclame un crucifix. Il le demande à M. Abraham Bloch, l'aumônier israélite, qu'il prend pour l'aumônier catholique. M. Bloch s'empresse ; il cherche, il trouve, il apporte au mourant le symbole de la foi des chrétiens. Et quelques pas plus loin, un obus le frappe lui-même. Il expire aux bras de l'aumônier catholique, le Père Jamin, jésuite, de qui le témoignage établit cette scène.

Nul commentaire n'ajouterait rien à l'émotion de sympathie que nous inspire un tel acte, plein de tendresse humaine. Un long cortège d'exemples vient de nous montrer Israël qui s'applique dans cette guerre à prouver sa gratitude envers la France. De degré en degré, nous nous sommes élevés. Ici la fraternité trouve spontanément son geste parfait. Le vieux rabbin présentant au soldat qui meurt le signe immortel du Christ sur la croix, c'est une image qui ne périra pas.

Maurice BARRÈS.

(22 et 29 décembre 1916).

« Les diverses familles
spirituelles de la France »

PAR M. BARRÈS

Si M. Vervoort nous a donné une suite (1), M. Barrès nous donne une reprise de ses articles de l'*Echo de Paris* sur « les diverses familles spirituelles de la France ». Nous rapprochons ces deux publications sans aucune arrière-pensée ; ce sont les seules que le sujet ait inspirées en France depuis deux ans et demi : une entreprise de commerce et une entreprise d' « union sacrée ». Il faut espé-

(1) Voir plus loin p. 79.

rer que la participation du judaïsme français à la guerre trouvera un historien, à son heure.

Quoi qu'il en advienne, l'exposé de M. Barrès, dans son cadre et son esprit, mérite de retenir notre attention à cause du nom de l'auteur et de l'écho qu'il a trouvé (cette réimpression en fournit la preuve). De notre part, les commentaires n'ont pas manqué et ne manqueront pas — n'y en a-t-il pas eu trop déjà ? Mais nous n'avons pas à examiner ici le fond ; nous signalons l'apparition en librairie des articles réunis en volume.

Le bibliographe a donc à noter que les deux articles sur les Israélites ont formé dans ce volume le chapitre V, plus étendu que le chapitre consacré aux protestants. Ils sont reproduits textuellement, à quelques retouches de style près. Une seule est à remarquer. Après avoir cité complaisamment la correspondance du normalien Roger Cahen, M. Barrès avait écrit : « Comment le lire, ce jeune intellectuel de 25 ans, mort pour la France sans l'aimer » et le typographe de l'*Echo de Paris* n'avait pas mis de virgule entre « mort pour la France » et « sans l'aimer ». C'était à faire bondir. M. Barrès a réimprimé : « Comment le lire sans l'aimer, ce jeune intellectuel, etc. ». A la bonne heure.

Mais le volume contient des retouches plus importantes, des additions et des rectifications qui affectent le fond. Elles sont contenues dans une série de notes qui forment appendice. L'une se rapporte aux juifs algériens. Bien qu'ils soient aussi nombreux que les autres israélites français, M. Barrès n'avait presque point parlé d'eux ; d'après « quelqu'un d'autorisé à parler en leurs noms », il a ajouté quelques maigres renseignements sur les principales campagnes des régiments de zouaves, où ils sont particulièrement en nombre. Dans une autre note, il cite une lettre du capitaine Raoul Bloch (1), un beau type de la bourgeoisie juive française, trop négligée aux dépens des intellectuels.

Ces intellectuels apparaissaient dans les articles de M. Barrès comme complètement déjudaïsés et la conclusion

_____

(1) Voir plus loin p. 49, et le fascicule IX.

s'en dégageait que le judaïsme français était vidé de religion. Cette impression est heureusement dissipée par les trois lettres que l'auteur publie en appendice et qui enrichissent vraiment le volume : l'une du sous-lieutenant L..., jeune officier israélite d'origine alsacienne, cité à l'ordre, et dont la profession de foi (« je suis juif, sincèrement croyant et attaché à ma religion ») est digne d'intérêt en dépit de certains détails ; l'autre, communiquée par une famille qui porte un « nom important de la société française », est d'un « héros qui occupait une haute charge » et qui est tombé en septembre 1914, comme sergent au 360ᵉ d'infanterie, à Bezange-la-Grande (les lecteurs avisés de l'*Univers Israélite* l'identifieront sans peine) ; cette lettre est simplement admirable et les détails qui suivent sont bien touchants ; enfin la lettre adressée par un médecin-major, prêtre dans le civil, à la mère du lieutenant d'artillerie Charles Halphen, tombé le 15 mai 1915, et qui atteste les convictions religieuses de cet officier israélite.

Ces trois lettres constituent des documents d'âmes qui mériteraient d'être analysées de près ; d'autres collaborateurs de ce journal s'en chargeront sans doute. On ne fait ici que de la bibliographie et l'on se borne à constater que ces appendices apportent mieux que des mises au point ; ils sont des correctifs qui contredisent ce qu'on lit dans le corps du volume.

Mais M. Barrès ne pouvait pas recommencer ses articles.

(*9 novembre 1917*).

Deux Articles de M. Barrès

M. Maurice Barrès voudra bien, je l'espère, nous excuser de n'avoir point réservé la première place de ce numéro à l'examen des deux articles qu'il a consacrés aux israélites dans la série des « diverses familles spirituelles » de la

France ». Il convenait de donner d'abord les feuillets qu'un aumônier militaire a consacrés aux Macchabées (1) : leur fête n'a jamais plus mérité d'être célébrée que depuis le jour tragique où tous les fils de France se levèrent d'un seul bond pour courir sus à l'abominable Thor, dévastateur des merveilleuses cathédrales gothiques où se pressaient les foules chrétiennes, destructeur aussi des synagogues modestes qui abritaient la prière de quelque autres Français. Dénuée de mysticisme, purement morale, l'invocation des Macchabées n'en est pas moins effective. Quinze jours avant l'explosion européenne, c'est Judas Macchabée qu'un membre distingué du Consistoire israélite de Paris donnait en exemple patriotique aux élèves de nos écoles, assemblés pour recevoir leurs prix.

L'exhortation était prononcée devant un auditoire enfantin qui comptait plus de Russes, de Polonais et de Roumains que de petits Français. Parmi les buts qu'il se propose, l'effort du Comité qui administre ces écoles israélites veut précisément faire connaître, faire sentir, faire aimer l'âme française à ces « déracinés » ; ils sont, eux aussi, les réfugiés d'une guerre, mais d'une guerre civile inventée par cette Allemagne habile qui, confiant aujourd'hui ses destinées vacillantes à un Ballin, à un Helfferich (2), à un Dernburg, à un Rathenau, n'en a pas moins fait, un siècle durant, de l'antisémitisme un article d'exportation. Incorporer ces enfants dans la vie française est une tâche qui suffit à justifier le maintien de nos écoles confessionnelles, si elle aboutit ; or, elle parvient à ses fins, puisque la liste s'allonge chaque jour des anciens élèves engagés, qui ont voulu mourir pour la France, rédemptrice des opprimés.

M. Maurice Barrès a nettement nuancé les sentiments très divers qui ont animé ces jeunes héros, tous ceux qui se sont rués, étudiants, négociants, ouvriers, vers le bureau d'enrôlement établi dans l'Université populaire juive de la rue de Jarente, au mois d'août 1914, — ceux aussi des is-

(1) Voir le fascicule IV (Hanouca, par J. W.).
(2) [N'est pas israélite. — Dernburg est le fils d'un israélite converti].

raélites dont l'ascendance immédiate n'était pas française
— ceux enfin des juifs appartenant à des familles fixées ici
depuis des siècles. Il faut remercier M. Barrès d'avoir ap-
pliqué les ressources de sa psychologie pénétrante à ce
problème rarement effleuré et d'avoir discerné les raisons
d'un Rothstein, sioniste, d'un Robert Hertz, fils d'Allemand,
d'un Roger Cahen, né d'une vieille souche française.
Rothstein espère que le dévouement d'Israël à la cause
française sera payé de retour aux misérables qui s'étiolent
dans les ghettos lointains de l'Europe orientale. Hertz est
pénétré de gratitude pour la patrie qui, l'ayant adopté,
daigne accepter le sacrifice de sa vie. Cahen, lui, ne se pose
point de question, ne s'interroge pas sur la signification
de son dévouement ; son esprit est aussi libre que celui
de tout autre jeune Français pris par le devoir militaire, si libre même qu'il philosophe à perte de vue sur la nature, sur
les hommes, sur tout ce qui s'offre à la méditation d'un
intellectuel sans peur, pendant la veillée aux tranchées.
M. Barrès a réalisé ces distinctions d'une manière presque
parfaite ; cependant, puisqu'il parle des juifs sur le ton
d'une émotion nouvelle, et qui fait oublier bien des dis-
sentiments, puisque, d'autre part, il admet « que la guerre
ne laisse rien en nous que nous refusions de reviser », je
le prie de considérer que certains éléments, tout de même,
lui ont échappé.

Relisons d'abord ces paroles du sous-lieutenant Robert
Hertz, ancien élève de l'Ecole normale supérieure, fils d'un
juif d'outre-Rhin et tué à Marchéville le 13 avril 1915 :

« Je suis reconnaissant aux chefs qui m'acceptent pour
leur subordonné, aux hommes que je suis fier de commander, eux, les enfants d'un peuple vraiment élu. Oui, je suis
pénétré de gratitude envers la patrie qui m'accepte et me
comble. Rien ne sera trop pour payer cela, et que mon petit
gars puisse toujours marcher la tête haute et, dans la
France restaurée, ne pas connaître *le tourment qui a empoisonné beaucoup d'heures de notre enfance et de notre
jeunesse. « Suis-je Français ? Mérité-je de l'être ? »* Non,

petit gars, tu auras une patrie et tu pourras faire sonner ton pas sur la terre en te nourrissant de cette assurance : « Mon papa y était et il a tout donné à la France ». Pour moi, s'il en faut une, cette pensée est la plus douce récompense. Il y avait dans la situation des Juifs, surtout des Juifs allemands nouvellement immigrés, quelque chose de louche et d'irrégulier, de clandestin et de bâtard. Je considère cette guerre comme une occasion bien venue de « régulariser la situation » pour nous et pour nos enfants. »

M. Barrès est-il sûr que le tourment auquel Hertz ne peut penser qu'avec horreur n'a pas empoisonné la jeunesse de certains Français israélites dont tant d'ancêtres, à travers les âges, avaient connu les mêmes cieux que l'ensemble des familles françaises ? Oui, ce supplice, d'autres que Hertz l'ont supporté, et qui n'étaient pas fils d'Allemands, dès le sortir du lycée, au contact des faits, lorsque, privés des camaraderies faciles de l'école, ils se sont heurtés dans les affaires, au régiment, dans les réunions, dans les corps savants, dans la vie quotidienne enfin, à des Français qui se refusaient à les traiter comme des Français.

Nous en connaissons, Monsieur Barrès, de ces israélites à qui les traditions écrites et orales de leur famille permettaient de faire remonter leur filiation française jusqu'à la réunion de l'Alsace, natale à la France de Louis XIV ou jusqu'aux lendemains du jour qui rattacha la Guyenne à la couronne restaurée par Jeanne d'Arc. Ces juifs-là n'ont pas tous gardé la sérénité d'un Roger Cahen : plus d'un s'est souvent demandé, avec l'angoisse de Hertz, s'il pouvait, en droit, prétendre à l'honneur d'être Français. Et qui donc, Monsieur Barrès, fut responsable de ce doute, de ce désespoir ? Quelle misère, en vérité, pour ces Français israélites, de n'avoir pas été compris dès 1791 ! Le dommage, au surplus, ne se serait pas limité à leur sensibilité, si un optimisme indéfectible ne les avait soutenus tout le long du chemin douloureux : ils ont foi dans la France, ils n'arrivent pas à se retrancher d'elle ; vienne le jour de l'intégration suprême que matérialisera la tombe creusée sous

le feu ennemi, ils sont prêts, même si, par l'effet d'une
éducation normalienne et littéraire, ils ont pratiqué l'élé-
gance du paradoxe, auquel il messiérait d'attribuer plus
d'importance qu'à un badinage ; innocente débauche d'esprit, mais attitude courageuse quand le décor représente,
au naturel, un réseau de fils de fer martelé par un marmi-
tage continu. Roger Cahen, que M. Barrès cite et com-
mente affectueusement, prenait ainsi, à se compliquer
l'âme, un plaisir extrême ; le goût lui en venait moins de
Moïse que de la rue d'Ulm. Tel quel, il apparaît plein d'une
jeunesse héroïque et d'une candeur charmante, lorsque des
ressouvenirs d'un vague panthéisme scolaire il empanache
superbement son casque d'acier.

Pour le classement méthodique des idées recensées
aujourd'hui par M. Barrès, il serait grave de chercher dans
ce délicieux et vaillant normalien, et parmi le vagabon-
dage ailé de sa pensée qui raffine, le type courant du
Français israélite pendant la grande guerre. Raoul Bloch (1),
né à Auxerre en 1872, après l'émigration qui a soustrait
les siens à l'oppression germanique en Alsace-Lorraine,
eût fourni à M. Barrès un cas infiniment plus proche de
la moyenne. Ce n'est pas un intellectuel qui risque de se
fausser à force de vouloir s'exprimer d'une manière exceptionnelle. C'est un négociant. L'Ecole des Hautes-Etudes
Commerciales ne lui a pas enseigné les philosophes, mais
a simplement instruit de méthodes modernes ses aptitudes
innées. A quarante-quatre ans, la guerre le rencontre en
plein succès commercial : comme d'autres sont capitaines
d'industrie, il est capitaine de négoce, président de six
sociétés, parmi lesquelles cinq travaillent au Maroc. La
vie lui a tout donné, une femme aimante, aimée, un fils,
trois filles, des revenus de travail qui se chiffrent, chaque
année, en centaines de mille francs. Par le jeu réglé de la
mobilisation, ce lieutenant de territoriale est affecté au
service des étapes de Troyes. Mais il n'accepte pas d'em-
busquage même involontaire :

(1) Voir le fascicule IX.

« Je trouve, écrit-il, que c'est infamant, à 42 ans, solide, vigoureux de corps et d'âme, de rester ainsi inutile, alors que le pays demande à tous l'effort maximum.

« ...Je suis de sang-froid, vous le savez, c'est après mûre réflexion qu'en août déjà, à deux reprises, j'ai demandé officiellement à rejoindre la ligne de feu. C'était le gros moment d'anxiété, je n'ai pas eu de réponse.

« ...Le vrai devoir en ce moment est le grand devoir envers la France ; il prime tous les autres : c'est pourquoi j'aspire ardemment à avoir enfin l'autorisation de l'accomplir... La plus grosse mortification qui pourrait m'arriver serait le refus qu'on opposerait à ma demande ; j'espère ne pas avoir cette triste déconvenue.

« ...Lorsqu'ils seront écrasés, quelles ruines d'abord et de suite quel essor de tout en France et dans le monde, et quel soupir de soulagement de voir la Bête finalement morte ! »

On voit de quelle façon unie et directe cet homme d'action comprend et fait connaître ce qu'il doit. Simplicité qui rend plus frappante l'analogie entre ses préoccupations et celles de Robert Hertz :

« J'attends, je l'avoue, impatiemment de faire mon devoir comme je le désire et le comprends ; *comme Français et comme juif, je dois le faire doublement.* »

Toujours cette inquiétude ! Le Français israélite serait un Français anormal et qui aurait on ne sait quoi à se faire pardonner !... Encore une fois, Monsieur Barrès, à qui la faute ?

A force d'insistance, Raoul Bloch est versé au ...ᵉ de ligne et peut éprouver la joie de se battre. Une lettre écrite à sa femme nous apprend le mobile secret qui l'a précipité en pleine fournaise :

« Avec quelle joie je m'en irai du côté de l'Alsace, et quels souvenirs en pénétrant en uniforme dans ce pays de nos rêves ! Nos pauvres papas en tressailleraient dans leurs tombes ! Enfin la Revanche dont ils ont tant parlé, dont leur cœur débordait !... Etre de ceux qui auront contribué directement à te rendre ton berceau natal sera pour

moi une bien douce joie et comme un complément à notre
vie si unie et si tendre. Quel bel anniversaire de nos vingt ans
de ménage, la « rue de la Mésange » redevenue française !
Quel plus beau cadeau pourrai-je rêver de t'apporter ! Et
Lauterbourg, Niederbronn, Bionville, tout cela sous nos
trois couleurs ! Tu peux comprendre pourquoi je voulais
et devais partir ; toute la tradition familiale n'est-elle pas
avec moi ? Pouvoir emmener toi et nos chéris en Alsace-
Lorraine et leur dire : « Papa a aidé dans la mesure de ses
forces à rendre ces beaux pays à la France », quelle plus
belle récompense pour moi ? »

L'Ehrmann de M. Barrès ne reconnaîtra-t-il pas un com-
patriote, un frère, dans le capitaine Raoul Bloch ? Il voudra s'incliner avec nous devant la bière où ce brave doit
rêver à l'Alsace reconquise et sur laquelle un général illustre a déposé cette couronne magnifique :

2ᵉ ARMEE   *Q. G. A., le 10 juin 1916.*
ETAT-MAJOR

Le Général commandant la 2ᵉ armée cite à l'ordre de l'armée le capitaine Raoul Bloch, du ...ᵉ régiment d'infanterie :
« Officier animé d'un ardent patriotisme, a demandé à
quitter les services de l'arrière auxquels il était affecté au
moment de la mobilisation pour prendre le commandement
d'une unité de première ligne. Chargé avec sa compagnie
d'un secteur particulièrement exposé, au contact immédiat
de l'ennemi, s'est employé avec la plus grande activité et
sans souci du danger à en faire un réduit inexpugnable.
Est tombé à son poste de combat ; avant de mourir a trouvé
la force de dire à son chef de bataillon : « Je suis bien
amoché, je regrette que ce soit dans de pareilles circonstances ; j'aurais été heureux que ce fût en conduisant ma
compagnie à la victoire, mais on les aura. Je fais le sacrifice de ma vie pour la France. »

Le Général commandant la 2ᵉ Armée,
Signé :

(Supprimé par la censure.)
Les honneurs funèbres lui ont été rendus par le lieute-

nant L. P..., un prêtre qui, ayant quitté volontairement le service de santé, était un digne juge de cette vie et de cette mort. A la famille en deuil, il écrivait ces lignes où respire largement l'esprit de tolérance :

« J'ai obéi volontiers au précepte de l'Eglise qui nous dit de prier pour tous, et j'ai la conviction que l'homme de bien qu'était le capitaine Raoul Bloch jouit de la récompense promise au juste dont parle l'Ecriture ».

M. Barrès se fiera au témoignage de ce prêtre-officier avec la même piété qu'il accepte celui du Père Jamin, jésuite, au sujet de la mort du grand-rabbin Abraham Bloch, tué à Taintrux en secourant spirituellement un catholique mourant. M. Barrès a trouvé ici des accents impossibles à surpasser :

« Nul commentaire n'ajouterait rien à l'émotion de sympathie que nous inspire un tel acte, plein de tendresse humaine. Un long cortège d'exemples vient de nous montrer Israël qui s'applique dans cette guerre à prouver sa gratitude pour la France. De degré en degré nous nous sommes élevés. Ici la fraternité trouve spontanément son geste parfait. Le vieux rabbin présentant au soldat qui meurt le signe immortel du Christ sur la croix, c'est une image qui ne périra pas ».

Heureuse inspiration d'un haut talent qui a voulu revivre les sentiments dont s'émeut en ces jours terribles chacune des « diverses familles spirituelles de la France » et les retracer pour l'édification réciproque de tous les Français !

ALSATICUS.

(22 décembre 1916).

Du Patriotisme chez les Juifs

Je n'apprendrai rien à personne en disant que l'émigration des peuples, qui a commencé sans doute à l'époque préhistorique, n'a pas cessé de nos jours. Si on en souffre moins, si les calamités qu'elle engendre se font moins sentir, c'est qu'elle a adopté des méthodes plus conformes à nos mœurs et aux progrès de la science. Au lieu d'encombrer les routes et de s'abattre sur le pays comme une nuée de sauterelles, l'émigration emprunte aujourd'hui le rail et n'envahit d'abord que les hôtels. Chaque année le chemin de fer amène une foule d'individus de toutes nations : Belges, Italiens, Espagnols, Grecs, Russes, Arméniens, Asiatiques, etc..., etc... Les uns s'établissent au milieu de nous sans esprit de retour ; d'autres repartent vers des contrées plus lointaines ou retournent dans leur pays d'origine après fortune faite. Parmi les immigrés qui nous restent, beaucoup ont régularisé leur situation en demandant et en obtenant leur naturalisation ; d'autres n'ont pas jugé nécessaire de remplir cette formalité, s'accommodant fort bien de leur qualité d'étrangers. La guerre venue, les naturalisés ou leurs enfants ont été appelés sous les drapeaux conformément à la loi. Chacun d'eux a fait son devoir dans la mesure de ses forces et de ses aptitudes, devoir imposé par la loi, mais agrandi par le degré d'attachement et d'amour envers la patrie. Ces soldats ne soupçonnent même pas qu'il puisse y avoir d'autres devoirs pour eux ; leurs concitoyens autochtones ne pensent pas autrement et ne réclament d'eux que l'obéissance aux lois du pays.

Le chemin de fer nous amène aussi un certain nombre de juifs, dont beaucoup ont régularisé leur situation en se faisant naturaliser. On serait tenté de croire que ces juifs naturalisés, vivant dans le même milieu, ayant reçu la même éducation, peuvent également être quittes envers leur patrie adoptive en observant les lois du pays. Il n'en est rien, et M. Barrès constate, avec une pointe d'ironie et une nuance péjorative, que le juif sent qu'il a d'autres devoirs, que sa nationalité, acquise par un acte de sa volonté, « est sur lui comme une qualité dont il se préoccupe de prouver qu'il est digne ».

Il serait intéressant de connaître l'état d'esprit dans cette guerre, des soldats d'origine espagnole, italienne, arménienne ou grecque et de comparer leurs sentiments avec ceux d'un Robert Hertz ou d'un Raoul Bloch. Aucune manifestation n'est venue nous déceler chez eux des sentiments particuliers. Nulle association catholique ou protestante ne s'est préoccupée que les « coreligionnaires nouvellement venus en France fassent leurs preuves de loyalisme ». On est donc en droit d'admettre que ces soldats n'éprouvent d'autres sentiments que ceux du paysan, de l'ouvrier ou du bourgeois de France qui se conforme strictement aux lois de son pays. Seuls, les juifs ont senti le besoin de manifester des sentiments particuliers de gratitude ; seuls les israélites « fixés en France depuis des générations et des siècles et qui « sont membres naturels du corps social » sont « préoccupés que leurs coreligionnaires nouvellement venus en France fassent leurs preuves de loyalisme. » On paraît considérer ce sentiment de notre part comme un signe d'infériorité ; on voudrait croire que, cherchant à faire plus que les autres, nous reconnaîtrions par là que nous n'avons pas les mêmes droits que les autres.

Je reconnais que beaucoup de nos coreligionnaires eux-mêmes, sentant en eux une ardeur patriotique toute particulière, s'expliquent mal l'origine de cet état d'esprit. Ne connaissant généralement le judaïsme que par la presse antisémite, ils analysent leurs propres sentiments à l'aide du réactif des suggestions antisémites. Ah ! s'ils se connaissaient mieux eux-mêmes ! Ils reconnaîtraient qu'ils sont rares, ceux qui nous ont égalés dans l'amour de la patrie, qu'ils sont rares aussi, ceux qui ont atteint notre degré de délicatesse dans la reconnaissance.

En 1492, les juifs ont été expulsés de l'Espagne avec tous les raffinements de la barbarie. Il est bien probable que les proscrits ne portaient pas Ferdinand et Isabelle la Catholique dans leur cœur. Mais rien n'a pu effacer leur amour pour la patrie, pour le sol qui les avait vu naître. Quatre siècles se sont écoulés et les descendants de ces victimes parlent encore la langue du pays où leurs ancêtres avaient vécu. — Deux siècles après l'expulsion des juifs d'Espagne, les huguenots de France ont été contraints de s'expatrier. Ont-ils conservé la langue de la patrie bien-aimée qu'on quitte avec désespoir ? S'est-il conservé parmi eux des sentiments de tendresse pour le pays de leurs aïeux ? Bronsard de Schellendorf (*La France en armes*) déclare que les descendants des anciens huguenots voulaient, en 1870, venger la révocation de l'Edit de Nantes. — Rares sont ceux qui nous égalent dans l'amour de la patrie.

Depuis plus d'un siècle, aucun mouvement généreux ne s'est produit nulle part sans que la noble France n'y ait pris part. Quel peuple moderne a conquis sa liberté sans que le sang généreux de la France ne l'ait arrosée ? Il serait difficile, je crois, de citer une seule nation qui n'ait contracté une dette de sang envers la France. Or, maintenant que la France a été attaquée, envahie, pillée, saignée, comment se conduisent ces nations débitrices de la France ? Toutes, sans exception, celles qui sont entrées dans la guerre comme celles qui restent neutres malgré tout, toutes pensent d'abord et ensuite et toujours à leurs intérêts, à leurs intérêts matériels. — Les juifs ont aussi contracté une dette de reconnaissance envers la France. Non pas une dette de sang : la France n'a jamais versé une seule goutte de sang pour les juifs. Mais, la première parmi les nations chrétiennes, elle a réparé, avec une goutte d'encre, l'injustice séculaire dont les juifs étaient victimes. Par reconnaissance, les juifs, qui par ailleurs fournissaient aux Alliés un contingent considérable de combattants, ont donné à la France dix mille volontaires. — Rares sont ceux qui ont atteint notre degré de délicatesse dans la reconnaissance.

A la lumière de cette analyse psychologique fondée sur l'histoire, éclairons deux cas typiques de patriotisme juif.

Le lieutenant de territoriale Raoul Bloch, âgé de quarante-quatre ans, père de quatre enfants, trouvé « infamant » de rester au service des étapes « alors que le pays demande à tous l'effort maximum ». « Après mûre réflexion », il réclame officiellement, à deux reprises, l'honneur de rejoindre la ligne de feu. « La plus grosse mortification qui pourrait m'arriver, écrit-il aux siens, serait le refus qu'on opposerait à ma demande ; j'espère ne pas avoir cette triste déconvenue ». Ces sentiments, heureusement pour la gloire de la race française, se sont rencontrés depuis la guerre ; mais il faut reconnaître la vérité : ils ne sont tout de même pas si fréquents et Raoul Bloch, comme s'il était étonné lui-même de son ardeur patriotique, ajoute en manière d'explication : « J'attends, je l'avoue, impatiemment de faire mon devoir, comme je le désire et le comprends ; comme Français et comme juif, je dois le faire doublement ». Non, Raoul Bloch ! Comme Français, vous devez faire votre devoir exactement au même titre que vos autres concitoyens. Comme juif, vous n'avez certes pas plus de devoirs que tous les Polonais, Arméniens, Grecs et autres déshérités auxquels la France a ouvert ses bras et auxquels cependant elle a jugé nécessaire, en faisant appel à leur dévouement, de faire des promesses particulières. Mais si vous attendez « impatiemment de faire votre devoir comme vous le désirez et le comprenez », c'est que votre degré d'amour de la patrie n'est pas commun, il est bien supérieur à ce qu'on voit ordinairement et cela vous vient de votre qualité de juif.

Des milliers d'Allemands se sont fait naturaliser en France, les uns pour mieux exercer l'espionnage, les autres pour devenir de loyaux et sincères citoyens. Ne parlons pas des premiers ; mais parmi les seconds, aucun ne s'est demandé s'il était digne d'être Français. Il défend sa patrie adoptive, il remplit le devoir dicté par la loi, et il a la conscience tranquille. Mais voici Robert Hertz. C'est un universitaire juif ; il a mis au service du pays que ses parents avaient

adopté sa volonté, son intelligence et son cœur. Il s'est
efforcé de faire le meilleur usage de ses facultés pour le bien
de son pays et, quand la patrie le lui a demandé, il n'a pas
reculé devant le sacrifice de sa vie. Mais seul parmi des
milliers d'Allemands naturalisés, Robert Hertz se demande
s'il est digne d'être Français. C'est que, seul parmi des milliers d'Allemands naturalisés, il sait, il sent à un degré supérieur la valeur d'être Français, c'est que seul il aime comme
pas un à être Français. C'est dans les plis de son âme
juive, à son insu peut-être, mais c'est là seulement qu'il a
puisé ce sentiment profond et délicat, — dans cette âme qui
nous a fait vaillants tout le long de notre histoire pour
défendre le sol que nous habitons.

Inconsciemment peut-être, les lettres d'un Robert Hertz
ou d'un Raoul Bloch, comme celles d'un Rothstein, ne sont
que l'écho de Jérémie, qui nous recommande : « Travail-
lez à la prospérité de la cité où je vous ai relégués et priez
Dieu en sa faveur ».

S. VITAL.

(6 juillet 1917).

Le Judaïsme et M. Maurice Barrès

5 janvier 1917.

Dans un langage digne de la cause qu'il défend, un illustre académicien essaie en ce moment, avec un rare souci
d'équité, de répartir, si je puis m'exprimer ainsi, entre les
divers groupements spirituels qui composent l'unité morale
de notre pays, les contributions respectives que ces groupements disparates ont apportées au triomphe des revendications nationales.

Au cours de cette étude, destinée avant tout à la glorification et à l'affermissement de « l'union sacrée », l'éminent
écrivain, après avoir reconnu et proclamé le dévouement et

l'esprit de sacrifice des israélites français, en est venu à se demander dans quelle mesure le judaïsme, en tant que croyance religieuse, a pu sustenter l'âme juive pendant cette longue période de renoncement et de souffrance, qu'est-ce qui a pu subsister du « vieil Israël pieux » dans la conscience des héros juifs, « quel secours l'antique Synagogue a pu offrir à ses fils engagés dans la guerre », à quel degré l'hébraïsme proprement dit a été pour les soldats israélites un appui moral, un réconfort spirituel dans cette guerre où tous les Français, sans distinction d'origine, de culte et d'opinion, ont lutté et souffert ensemble avec une vaillance égale, une abnégation identique.

L'enquête de M. Maurice Barrès ne lui a rien appris qui fût de nature à satisfaire sa curiosité. Les documents qu'il a colligés sur « l'élite morale des israélites » ne lui ont fait connaître que « des consciences qui paraissent vidées de leurs traditions religieuses et entièrement affranchies de tout lien cultuel. Ce sont des consciences de « libres-penseurs ».

Il en est qui seraient tentés de poser ici à M. Barrès la question préalable. Puisque l'expérience a démontré — de l'aveu propre de l'écrivain — que les âmes détachées de tout dogmatisme religieux et de tout rite, libérées de tout lien d'ordre confessionnel, ont su pratiquer leur devoir de Français et endurer les maux de la guerre avec la même soumission, le même stoïcisme que les âmes pieuses, imprégnées de foi, pourquoi s'enquérir des rapports de la religion avec l'accomplissement des obligations patriotiques ? pourquoi s'attarder à cette analyse, sinon oiseuse, du moins inopportune, qui s'évertue à déterminer les éléments constitutifs de l'héroïsme de nos soldats ? Pourquoi, en un mot, ne pas reconnaître tout simplement que, si les « poilus » de France ont communié dans une religion, c'est dans celle de la patrie ? C'est la sublime magie de cette religion qui a opéré des miracles ; c'est la vertu mystérieuse de cette religion, cette sorte de fluide divin qu'elle dégage qui a soutenu le cœur de nos soldats, trempé l'acier de leurs muscles,

donné des ailes à leur pensée. C'est d'elle, et d'elle seule,
qu'est née la fusion absolue des volontés et des espérances
françaises. Voilà ce que quelques-uns pourraient objecter
tout d'abord à M. Barrès.

Nous ne voulons pas savoir, quant à nous, si la question
soulevée en passant par l'honorable académicien manque
d'opportunité et si, pour les raisons mêmes qui ont inspiré
sa méritoire enquête, il était nécessaire de la soulever. Mais
ce dont nous ne doutons pas, c'est qu'elle traduit des préoccupations qui ne quittent jamais le noble esprit et la haute
conscience de M. Barrès. Le mystère de la foi religieuse a
toujours exercé une attraction irrésistible sur son intelligence éprise des choses de l'âme, penchée sur l'abîme de la
conscience humaine. Il n'y a donc pas lieu de s'étonner que
M. Barrès ait posé ce point d'interrogation au cours de son
enquête.

Mais ce qui nous a surpris et ce qui nous a incité à écrire
ces lignes, c'est que M. Barrès, dans une étude d'un caractère aussi délibérément impartial, a traité d'une façon différente et presque contradictoire les libres-penseurs issus du
catholicisme et du protestantisme et les soi-disant libres-
penseurs juifs, qu'il a accordé aux uns ce qu'il a refusé aux
autres. Les premiers, à en croire M. Barrès, « vivent, pour
une grande part, du vieux fonds chrétien ; ils furent préparés, durant des siècles, dans les petites églises de village ». Traduisez la pensée de M. Barrès : Il ne peut pas y
avoir de libres-penseurs catholiques et protestants dans le
véritable sens du mot ; ce qu'ils accomplissent de beau et de
grand, les libres-penseurs chrétiens le doivent, d'une manière quelconque, aux apports lointains de la spiritualité
chrétienne assoupie en leur âme. En d'autres termes, les
libres-penseurs catholiques et protestants ne seraient que
des croyants inconscients. Nous discernons là une conception chère à M. Barrès, à savoir que la foi religieuse agit
sur l'homme à son insu et qu'elle seule est génératrice des
saintes pensées et des résolutions héroïques.

Toute généralisation systématique mise à part, nous con-
cédons volontiers à M. Barrès que son idée ne laisse pas

d'être humainement vraie. Ce n'est assurément pas nous qui nierions la secrète influence des traditions ancestrales sur les esprits en apparence les plus affranchis du passé, nous qui percevons encore en notre cœur les battements du cœur des prophètes altérés de justice. Mais nous sommes alors d'autant plus en droit de demander à M. Barrès que ceux qu'il appelle les « libres-penseurs juifs » bénéficient de sa thèse ou de son raisonnement au même titre que les libres-penseurs catholiques et protestants. Nous admettons, sans difficulté avec M. Barrès que les hommes obéissent souvent à des croyances anciennes, dont la survivance en leur âme ne saurait être contestée. Mais pour quel motif les israélites — et en l'espèce les soldats israélites — ne demeureraient-ils pas sous l'action invisible de croyances semblables ? Pourquoi attribuer l'épanouissement des plus magnifiques vertus de l'âme humaine, chez les uns à un fonds religieux qui aurait survécu on ne sait comment, et chez les autres à des raisons différentes, et qui n'expliquent rien ?

« Le dévouement et l'acceptation du sacrifice reposent chez les chrétiens, même libres-penseurs, sur un fonds religieux ; mais de quoi sont faits, demande M. Barrès, le renoncement et l'acceptation de la douleur chez les israélites ? Que leur dit la Sagesse réfugiée dans leur vieille synagogue ? » Que M. Barrès veuille bien nous croire. Cette « Sagesse », quoiqu'elle n'ait pas été dispensée dans d'innombrables « petites églises de village » — et pour cause — n'est pas encore morte. Elle vit au contraire avec une force insoupçonnée dans les profondeurs de la conscience juive. Elle s'est transmise de siècle en siècle, de génération en génération ; elle a pénétré tout l'organisme d'Israël. Elle s'y est, en quelque sorte, cristallisée. Elle s'est mêlée à son cœur et à son cerveau ; sang, moelle, nerfs et muscles en sont comme saturés. Les israélites français n'ont pas même eu besoin de franchir le seuil du temple pour la quérir ; car « elle repose dans l'ombre » de la famille juive tout autant que « dans l'ombre de la vieille synagogue », et c'est ce qui la rend indestructible. Ils la trouvent, toujours jeune et ardente, à leur foyer. Là est son autel, là elle rayonne d'une impérissable clarté. Cette antique Sagesse, cet esprit juif, si l'on aime mieux, ne s'est pas perdu, volatilisé, malgré l'abandon partiel du culte extérieur. Il s'est introduit petit à petit, par une sorte d'endosmose imperceptible, dans le corps tout entier. Il anime Israël en sa totalité. Il constitue sa physionomie mentale. Israël sent, pense et agit sous l'empire de cet esprit, qui est devenu un « héritage » dans la famille juive.

Et quel est cet esprit ? Ni plus ni moins que l'idéalisme prophétique. Ses éléments essentiels sont les principes de vérité et de justice. La mentalité israélite s'est si bien identifiée à ces principes qu'il lui est impossible de raisonner et de sentir en dehors d'eux. Les notions de justice et de vérité, dans lesquelles l'Ecriture et la « Tradition » juives ont voulu découvrir les attributs les plus marquants de Dieu, ont apparu à Israël comme les « catégories » nécessaires de ses facultés intellectuelles et affectives, pour parler le langage de l'école. Israël aspire à la vérité et à la justice ainsi qu'il respire, sans le savoir. Elles sont pour lui toute la substance divine, s'il m'est permis de m'exprimer de la sorte. Elles ont été et elles sont encore toute la nourriture spirituelle de l'âme juive. Le courage, l'endurance, l'héroïsme israélites, auxquels M. Barrès a rendu un si bel hommage, ne cessent de s'en alimenter, soyons-en convaincus. Toutes les lettres de nos soldats en témoignent. C'est ce besoin ancestral de vérité et de justice, ce besoin incoërcible d'en affirmer la réalité, nonobstant les scandales quotidiens du mensonge et de l'iniquité, qui a sauvé jadis Israël de toute défaillance, comme il sauve aujourd'hui nos braves de tout fléchissement.

Dès les temps les plus reculés, l'âme juive, balbutiant à peine, proclame son idéal jusque dans les spasmes de la douleur. *Tsédek véémeth*, « la justice et la vérité » doivent être ; il faut qu'elles soient malgré tous les démentis que leur inflige le spectacle du monde. « La vérité est le sceau de Dieu » et « l'équité est l'écharpe de ses flancs », dit la Sagesse juive. « La justice perce les montagnes » ajoute la Tradition, et « le devoir de tout homme est d'être sincère avec lui-même et de rendre hommage à la vérité », *modé al haémeth vedobér émeth bilbabo*. Voilà l'enseignement de la Synagogue, voilà l'esprit du « vieil Israël pieux ».

C'est cet enseignement que suivent, c'est cet esprit dont s'inspirent, pour la plupart à leur insu, « nos fils engagés dans la guerre ». « C'est de cela que sont faits » leur abnégation, leur renoncement, leur sacrifice. Je ne sais s'ils sont des « libres-penseurs » tels que les imagine M. Barrès ; mais ce dont je suis sûr, c'est qu'ils pensent et agissent dans le sens du divin, en hommes libres, épris du Vrai et du Bien, ennemis des préjugés ataviques, du geste d'automate, en véritables enfants de Dieu.

Mathieu WOLFF.

(19 janvier 1917).

Maurice Barrès, le Judaïsme et les Juifs

Paris, 15 février 1917.

Monsieur le Directeur,

A la suite de la reproduction faite par vous des pages que Maurice Barrès a consacrées aux juifs, dans ses articles sur les diverses familles spirituelles de la France, plusieurs de vos collaborateurs ont exposé tour à tour les observations que leur a suggérées cette publication. Je ne voudrais pas prolonger outre mesure les réflexions que peut inspirer ce travail de l'éminent écrivain. Cependant, en voyant la vive satisfaction manifestée par certains auteurs de ces articles, je suis demeuré songeur, cherchant en toute sincérité si vraiment nous avions raison de nous montrer si fiers que cela des conclusions de l'illustre académicien.

Et comme il me paraît qu'il y a encore quelque chose à

dire sur ce sujet, je vous demande la permission de le faire,
en regrettant qu'une plume plus autorisée que la mienne
n'ait pas rendu inutile mon intervention.

De quoi se réjouirait-on en effet ? De ce que la pureté et
l'ardeur du patriotisme des juifs français au cours de ces
tragiques années de guerre ont frappé les yeux de tous ?
Certes, il est légitime que tous les groupements, toutes les
collectivités de la grande famille française tiennent à honneur de célébrer la fidélité et l'élan remarquable avec les-
quels leurs enfants ont accompli et accomplissent tous les
jours leur patriotique devoir. C'est ce que tous ont fait ;
catholiques et protestants, institutions et sociétés diverses,
ont exalté à l'envi l'héroïsme des leurs. Je serais bien surpris
que les associations dites de libre-pensée, les ligues « Ni
Dieu, ni Maître » n'en aient pas fait autant. Français de toute
religion et de toute irréligion, ceux du Nord comme ceux du
Midi, Bretons et Provençaux, Corses et Alsaciens-Lorrains,
tous communient dans le même culte de la patrie. Et je ne
vois pas pourquoi on n'inscrirait pas également à l'immense
tableau d'honneur, pour qu'ils aient aussi leur part de la
reconnaissance publique, ces Français d'adoption, Arabes
d'Algérie et de Tunisie, Sénégalais, Annamites, hommes de
toutes couleurs, qui, avec un égal entrain, combattent et
meurent aux côtés de nos soldats.

Une pareille unanimité, qui est une gloire pour la nation
tout entière, ne se prête que difficilement à la glorification
du mérite personnel. Lorsque l'héroïsme est égal chez tous,
il ne sert plus de rien de s'en prévaloir individuellement.
Les diplômes d'honneur indistinctement mérités peuvent être
pour chacun en particulier un sujet de légitime satisfaction,
mais si l'on en vient à l'affichage, ils s'annulent réciproque-
ment.

Il est cependant une circonstance particulière qui doit
donner au patriotisme des juifs français une physionomie
spéciale et, si l'on juge à propos d'insister là-dessus, certes,
je n'y contredis pas. Israël avait une dette d'infinie gratitude
envers la généreuse France qui, la première en Europe, pro-

clama l'émancipation des Juifs. Jamais depuis 1789 occasion plus solennelle ne s'était présentée de nous acquitter de ce devoir de reconnaissance et de témoigner à notre pays notre filial attachement. Voilà ce que tous nos frères sans exception ont compris. Et il a exactement traduit le sentiment commun, ce Raoul Bloch, cité par Barrès (1), quand, parlant de l'accomplissement du devoir envers la patrie, il a écrit : « Comme Français et *comme juif,* je dois le faire doublement. »

Et c'est ce qui explique que des juifs nouveaux-venus parmi nous, comme cet Amédée Rothstein, auquel Maurice Barrès a consacré quelques lignes, des sionistes, appartenant par l'origine à des terres moins hospitalières, et toute cette légion d'engagés volontaires israélites qui, librement et joyeusement, sont accourus pour grossir les rangs de nos armées, aient revendiqué l'honneur de combattre et de verser leur sang pour notre pays. Ils n'avaient pas, ceux-là, de sol national à défendre et ce n'est pas la douce image du foyer familial qui pouvait soutenir leur courage. C'est uniquement leur conscience juive qui a créé pour eux vis-à-vis de la France un devoir que ne leur imposait pas la naissance.

Il y a là une grandeur et une beauté d'un ordre spécial. Que des écrivains comme Maurice Barrès aient été frappés de cette beauté, de cette grandeur, et se soient inclinés devant elles, je ne trouve là rien que de très naturel. En le faisant, ils s'honorent eux-mêmes, tout simplement. Mais ne l'eussent-ils pas fait d'ailleurs que cela n'enlèverait rien à la noblesse du geste de nos frères et à sa valeur historique. Il convient de ne pas s'exagérer outre mesure l'importance d'une opinion individuelle, fût-ce même celle d'un académicien. Peut-être une éducation plus complète du sentiment de notre égalité nous-rendra-t-elle plus indifférents à ce qu'on dit ou à ce qu'on ne dit pas de nous dans le monde.

Mais du moins n'est-il pas juste de se féliciter des articles de

____

(1) C'est Alsaticus, dans *Deux articles de M. Barrès,* [plus haut. p. 45], qui a cité Raoul Bloch et non M. Barrès lui-même. On m'assure que si celui-ci avait connu la vie et les lettres de Raoul Bloch, ses articles eussent été tout différents...

M. Barrès comme d'un gage de cette union sacrée qu'il a célébrée avec tant d'enthousiasme et dans laquelle il semble voir, non pas seulement une bienfaisante nécessité de l'heure présente, mais une certitude pour l'avenir ?

Si, à se nourrir de certaines illusions, il n'y avait aucun péril d'ordre moral, il conviendrait sans doute aujourd'hui de les entretenir toutes pieusement. Mais il me paraît au contraire qu'il est dangereux d'aller au-devant de déceptions qui ne nous trouveraient nullement préparés à les supporter. Or, en fait d'illusions, il n'en est pas de plus grande, à mon avis, que celle qui consiste à croire que l'humanité, en sortant de l'épouvantable bain de sang dans lequel elle est plongée, va se trouver toute régénérée et connaître un âge d'or où la fraternité fleurira avec les autres vertus.

C'est là une idée qui trahit visiblement son origine chrétienne. Mais de telles théories à la Joseph de Maistre nous font horreur. Il est fort possible que nos ancêtres aient cru, eux aussi, à une certaine époque, que l'aspersion du sang des Expiations opérait magiquement la purification des âmes. Mais je sais que notre foi juive, évoluant avec nos prophètes, en vertu de son dynamisme propre, vers une notion purement morale, en est arrivée à cette conception qu'aucun rite extérieur ne vaut sans le mouvement du cœur. Il faudrait donc que les cœurs fussent tous changés et je ne vois pas qu'ils le soient. L'humanité reste ce qu'elle était auparavant avec toutes ses grandeurs et toutes ses tares, tout cela se trouvant seulement intensifié d'extraordinaire façon, sous l'impulsion des heures uniques que nous vivons. Je vois que le sublime y coudoie le grotesque, que la plus rebutante hypocrisie s'étale à côté de l'héroïsme le plus pur et qu'en face d'actes innombrables de dévouement, d'oubli de soi et d'exquise charité qui nous arrachent les larmes, il y a toute l'explosion des plus abjects sentiments de la nature humaine. Et tout cela, ramené après la guerre aux proportions normales, continuera à fournir le jeu de la scène de ce monde. C'est à chacun de nous à travailler pour que la somme de bien l'emporte de plus en plus sur le mal. Mais si rien n'est radicalement transformé, nous pouvons logiquement nous attendre à retrouver un jour ou l'autre les mêmes luttes et les mêmes rivalités, les méchants préjugés, les vieilles haines et les révoltantes injustices dont nous avons été tant de fois victimes.

Réjouissons-nous, certes, de ce que des hommes qui nous étaient hostiles aient ouvert les yeux et se montrent prêts à nous tendre la main. Mais sachons que d'autres viendront, probablement, que la grande épreuve a laissés indifférents ou qui n'en auront pas vécu avec nous les phases douloureuses. Et il est entendu dès maintenant que, quoi qu'il doive arriver dans l'avenir, on ne trouvera à aucun moment en nous nulle amertume, parce que nos sacrifices actuels pour notre pays ne sont pas un calcul intéressé, mais un joyeux service, et qu'il n'y faut pas voir une passagère attitude, mais l'expression d'une reconnaissance qui ne connaît pas de prescription.

Cependant M. Barrès n'a écrit spécialement ses articles ni pour glorifier le patriotisme des Français de toute croyance et de toute opinion, ni pour exalter l'union sacrée dont on croit pouvoir attendre des fruits bienfaisants et durables. Son but était différent et ne voit-on pas qu'en en restant sur ces questions-là on se tient en dehors de ce qui fait le fond même de son sujet ? De là un malentendu, de là une note fausse dans les réponses qu'on lui adresse.

Maurice Barrès, en étudiant ce qu'il appelle la mobilisation des forces spirituelles de la France, a voulu grouper par familles « les états d'esprit les plus fortement accusés » pour en composer autant de documents psychologiques. Il s'est proposé de rechercher comment « leurs diverses croyances religieuses ou philosophiques ont pu secourir ceux qui les sollicitaient ». Voilà le terrain sur lequel nous sommes invités à le suivre. C'est d'après les affinités religieuses qu'il classe ses émouvantes silhouettes. Il ne s'occupe de ceux qui accomplissent le devoir de l'heure présente que comme « suspendus tous ensemble à quelque idée supérieure. »

Aussi voyez comment il décrit l'activité des prêtres catho-

liques sur le front, le saisissant spectacle des messes en plein
air, l'éloquence des communions silencieuses dans la boue
des tranchées et ces actes grandioses de préparation à la
mort, ces sacrifices individuels qui apparaissent comme
« les fleurs les plus belles et les plus rares de la haute spiritualité ». On ne peut lire sans un attendrissement profond
ces lettres de héros catholiques pour qui le don de soi-même
à la patrie revêt manifestement le caractère d'un acte religieux volontairement accompli. Nous sommes bien là dans
un domaine spirituel d'une incontestable grandeur.

Mais M. Barrès rencontre les protestants. Comment cet
auteur élégant, à l'âme si merveilleusement païenne, catho-
licisée toute en surface, ou qui du moins ne saisit bien du
catholicisme que ce qu'il renferme encore de grandiose
paganisme, comment cet écrivain nationaliste va-t-il pouvoir
comprendre le christianisme protestant évangélique et en
saisir l'austère beauté ? Il le fait cependant. Il le fait avec
respect et amour. Il y a là un très bel effort de rapprochement, de pénétration. Il entre dans la pensée religieuse des
Escande, des Gounelle, des Dieterlin. Sous la gravité du ton,
qui d'abord le déconcerte, il reconnaît des accents frater-
nels et, ému, il s'incline devant la beauté de cette vie intérieure qu'ils révèlent.

Ainsi fait-il pour les socialistes, chez qui l'ardeur des convictions se hausse aux proportions d'une véritable foi religieuse. Il arrive à comprendre comment « leurs doctrines
même d'internationalistes et de pacifistes furent pour certains combattants un ressort de guerre, un ravitaillement
moral. »

Enfin, voici le tour des israélites. — Vous entendez bien :
des israélites groupés à part, à côté des catholiques, des protestants, des socialistes, comme une collectivité ayant une foi
distincte, comme une famille spirituelle, alimentée, soutenue
par des traditions particulières. Il s'agit de ceux qui, sur
notre terre de France, ont l'insigne honneur de représenter
l'antique et vénérable Israël, de ceux dont les ancêtres ont
donné à ces chrétiens chez qui on vient d'admirer les ressources de la vie, le Livre par excellence, dans lequel tous

continuent à puiser lumière et réconfort. M. Barrès se demande, comme pour les chrétiens, ce que les israélites trouvent de soutien patriotique dans leur religion. « Que subsiste-t-il en eux du vieil Israël pieux et quel secours celui-ci offre-t-il à ses fils engagés dans la guerre ?... Que leur dit la Sagesse qui repose dans l'ombre de la vieille synagogue ?... Et comment se nuance leur consentement sur cette gamme morale qui va de l'attente douloureuse au joyeux appétit du sacrifice ? »

J'ai tenu à reproduire les questions mêmes de l'auteur afin qu'il ne soit plus possible de s'écarter du sujet ainsi nettement délimité.

Eh bien ! à ces questions ainsi formulées concernant le rôle de la religion chez les israélites de France pendant la guerre, Maurice Barrès fait la réponse la plus douloureuse qui se puisse imaginer et la plus propre à nous couvrir de confusion, nous, juifs du Livre et de la Tradition : son enquête, nous dit-il, ne lui a fait découvrir dans notre famille spirituelle « que des consciences qui paraissent vidées de leurs traditions religieuses ». Les israélites qu'il voit vivre, penser, combattre, mourir, sont des « libres-penseurs ».

Et après ces lettres de catholiques et de protestants toutes brûlantes de foi, qu'il a découpées et analysées avec une égale vénération, la façon dont il réunit ces mots « jeune israélite libre-penseur » nous fait l'effet d'un outrage qui nous déchire jusqu'au fond de l'âme.

Quoi ! à part cette touchante lettre du sioniste Rothstein, dont je doute fort que M. Barrès ait bien saisi la psychologie — quoi d'étonnant à cela, puisque tant d'israélites ne la comprennent pas davantage ? — il ne trouve pas autre chose à nous citer que de froides considérations philosophiques, respectables, certes, puisqu'elles sont éclaboussées du sang de celui qui les écrivit, mais qui, venant après tant d'autres admirables missives, toutes palpitantes de vie, sont d'une désespérante pauvreté ?

J'entends dire : Qu'importe ? Pourquoi cette analyse inop-

portune, puisqu'il y a chez tous même soumission au devoir,
même héroïsme ? Pourquoi mêler ainsi la religion au patriotisme ? Il importe beaucoup, vous répondra M. Barrès, car à
l'heure des plus sanglants sacrifices, dans ce bouillonnement
intense de toutes les forces morales d'un peuple, le monde a
le droit de savoir ce que vous puisez dans la foi dont vous
vous réclamez, si elle est vraiment la moëlle de votre vie
intérieure, dans quelle mesure elle vous soutient, vous élève,
vous exalte, ou bien si elle n'est qu'un futile et encombrant
accessoire qui n'a pas pu trouver place parmi vos provisions
de guerre.

Et comme, à n'en pas douter, c'est bien à cette dernière
conclusion que l'auteur s'arrête, encore qu'il s'abstienne de
la formuler aussi catégoriquement, je dis qu'il nous est impossible de passer outre et que notre devoir est de nous demander si oui ou non, nous avons justifié cette dure constata-
tion.

Je suis assez enclin à croire qu'en lui accordant une por-
tée trop générale, on l'exagère notablement. Il y a, chez les
nôtres, un reste de judaïsme plus vivace que ne le laisserait
supposer le défaut de pratique. Les Roger Cahen, qui décla-
rent n'avoir pas d'autre Dieu que le « Temps très bon et
très puissant », sont heureusement des exceptions. Et nos
aumôniers pourraient sans doute ramener facilement à de
plus justes appréciations, en ce qui nous concerne, l'enquête
purement négative de M. Barrès.

Mais tout cela est vague ; tout cela est terne, flou, et n'offre rien qui soit capable d'impressionner un étranger. On en
peut tenir compte dans les petites statistiques en temps ordinaire, mais cela n'a plus guère de valeur à une époque
comme la nôtre, dont la tragique importance met toutes choses en relief avec une si exceptionnelle vigueur. Non, il ne
s'agit pas de foi latente, d'âmes religieuses qui s'ignorent,
de résidu de croyances ancestrales agissant, à leur insu, sur
des hommes qui s'intitulent libres-penseurs. Rien de tout
cela n'est suffisant à cette heure.

Ces religions, filles de la nôtre, qu'on nous oppose, pouvaient aussi passer avant la guerre pour somnolentes et rou-

tinières et voici qu'on nous les révèle maintenant comme des puissances de vie. Remarquez pourtant que le christianisme, sous toutes ses formes, a eu à surmonter depuis trois ans la plus formidable objection qu'il ait encore rencontrée au cours de son histoire, je veux dire le démenti que les faits eux-mêmes infligent avec une irrésistible force à ses affirmations, tandis que nous, au contraire, qui professons attendre le Messie et l'avènement du règne de Dieu sur la terre, nous devions trouver dans les événements la confirmation éclatante de notre foi. Si donc, malgré cela, notre judaïsme se montre si indigent, si débile, au point que, dans une enquête comme celle de M. Barrès, on peut dire de lui sans parti pris de dénigrement : il n'existe pas ! je crois qu'on doit affirmer sans hésitation que ce judaïsme, dont nous nous sommes contentés, n'est point le judaïsme véritable, mais une contrefaçon qui ne peut avoir aucune promesse sérieuse d'avenir.

Il faut avoir le courage de le reconnaître, non pas pour s'abandonner ensuite à une stérile tristesse, mais pour prendre virilement les résolutions qui s'imposent. Car si à l'heure certaine, et Dieu veuille la rendre prochaine ! des reconstructions morales et sociales rendues nécessaires par l'effrayante secousse actuelle, nous ne sommes ni résolus, ni préparés à reprendre en sous-œuvre, sur de plus solides bases, l'édifice de notre judaïsme français, disons-nous bien que nous aurons laissé échapper une occasion unique et que la décadence manifestée par le présent cataclysme se consommera irrrémédiablement.

Pour l'enrayer, il faut nous mettre dans les dispositions requises. Je ne crois pas que nous y soyons. Non, d'une manière générale, il ne me semble pas que les cultes officiels dans notre pays aient pris l'attitude qui peut faire espérer une complète régénération. J'ignore comment on prie dans les rangs ennemis, comment on s'y tient devant Dieu. Supposons qu'on y fasse preuve d'un orgueil, d'un suffisance qui sont l'opposé même du vrai sentiment religieux. Supposons cela et, comparant notre propre situation avec la leur, demandons-nous s'il y a chez nous beaucoup plus d'humilité, beaucoup plus de regret de nos fautes, et un bien plus vif désir d'amender, de réformer notre vie. C'est cependant là ce qu'il nous faut. J'entends que partout, dans les églises, temples, synagogues, on glorifie notre patriotisme ; c'est bien, mais cela ne devrait pas dispenser de nous inviter au repentir.

On l'a fait en Angleterre. Ce grand peuple a été convié tout entier à une *mission de pénitence et d'espérance*. Je sais tout ce qu'il peut y avoir de conventionnel dans un acte officiel de religion, mais c'est déjà beaucoup que, dans l'appel public adressé en cette circonstance, nous lisions cette phrase admirable de vérité et qui devrait être partout le mot d'ordre des croyants, quels qu'ils soient, engagés dans la guerre : « Ce n'est pas la défaite de nos ennemis terrestres qui peut suffire à nous faire remporter la plus grande victoire ». Et l'on a vu le chef d'état-major, le général Sir William Robertson, écrire à ce sujet à l'évêque de Londres : « Nous pouvons avec confiance compter sur le courage de nos soldats et de nos marins, sur l'abondance de nos munitions, mais nous ne devons pas nous arrêter là... Une détermination sérieuse de la part de la nation pour chercher et mériter le secours divin nous rendrait, on peut l'espérer, capables d'envisager la guerre du véritable point de vue. »

Il y a là un exemple dont nous pouvons faire notre profit. Nous n'avons pas à dicter aux autres leur conduite, mais à chercher à améliorer la nôtre conformément à la loi de Dieu. Nous avons à songer à l'avenir de notre propre « famille spirituelle ».

Si cette « famille » n'a pas une contribution importante, et en son genre unique, à apporter dans le domaine de la pensée et de la vie religieuses, je ne vois vraiment pas pourquoi il faudrait songer à la maintenir et je me demande s'il ne serait pas préférable qu'elle disparût en se fondant dans les autres.

Mais Dieu merci, il n'en est pas ainsi et c'est pourquoi j'estime et je crois qu'il est utile de dire que l'enquête de Maurice Barrès, si triste pour le judaïsme, est pour nous une occasion d'examen de conscience et de sérieux retour sur nous-mêmes, l'occasion de rechercher ce que notre religion est réellement pour nous, quel rang elle occupe dans notre vie et quelle place nous devons lui donner, si nous voulons qu'elle fasse de nous ce que le monde est en droit d'attendre de son origine, de ses principes et de sa divine mission.

E. K. A.

(23 février, 2 et 9 mars 1917).

« Les Juifs et la Guerre »

PAR M. A. VERVOORT

C'est le titre d'une brochure qui vient de paraître et qui donne une première liste de noms de juifs morts au champ d'honneur, cités à l'ordre du jour ou décorés. Elle est précédée d'une préface qui ne manque pas de piquant, l'auteur, M. André Vervoort, y faisant en quelque sorte son *mea culpa*.

Nous donnons ci-dessous quelques extraits de cette préface :

« Il ne s'agit point ici d'une apologie des israélites, il s'agit simplement de rendre justice à toute une catégorie de bons Français trop souvent méconnue, trop longtemps accablée d'injures, quelquefois persécutée.

A notre sens, il n'y a plus de question juive.

Dans la conversation, on parle des israélites comme on parle des Normands, des Marseillais, des Lorrains. On ne dit plus : « C'est un juif ! » on dit : « Il est juif », comme on dit d'un Breton qu'il est catholique, ou protestant, ou... juif, car, en Bretagne, ainsi que dans toutes les provinces, il naît chaque jour des enfants dont les parents appartiennent à la religion de Moïse.

Vers 1885, la « Guerre aux juifs » fut déchaînée par des hommes de bonne foi, comme Drumont, dont le talent et l'ardeur surent nous entraîner vers une admiration sincère.

. . . .

Aujourd'hui, les juifs font, plus que jamais, partie de la grande famille nationale, et le présent opuscule le prouvera tout à l'heure.

Il y a à Paris des familles juives qui, depuis des siècles, sont installées au centre de la grande ville. Ces juifs-là sont des Parisiens pur sang.

Dès qu'ils se donnent un peu la peine d'examiner la vie sociale contemporaine, les hommes de mon âge, qui, jadis, ont lu avec un avide plaisir les œuvres antisémitiques, les hommes raisonnables rendent justice aux juifs, à leur intelligence, à leur probité (1).

Certes, les derniers suppôts du cléricalisme à outrance leur lancent des brocarts souvent sanglants ou profitent de la faute commise par l'un d'eux pour les accuser d'être des forbans.

Et c'est à la lecture d'un de ces « papiers », où la charité chrétienne faisait triste figure, que j'ai eu l'idée de regarder de près le rôle des juifs pendant la guerre. Il a été positivement superbe.

Rien de plus naturel : bon chien chasse de race ! Les juifs, dans l'antiquité, furent un peuple guerrier. La Bible est remplie du tumulte des armes et Jéhovah semble s'être complu, peut-être trop, à des batailles échevelées.

Bossuet, ayant à parler d'un des plus fameux capitaines que la France ait jamais eus, n'imagina rien de mieux, pour le louer, que de le comparer à Juda Macchabée. Et Fléchier, dans son oraison funèbre de Turenne, dit d'un héros juif qu'il ne voulait d'autre récompense des services qu'il rendait à sa patrie que l'honneur de l' « avoir servie » !

L'amour de la patrie chez les juifs n'est qu'une résurrection ; c'est ainsi qu'ils aimaient Jérusalem et qu'ils mouraient pour elle, après une résistance qui étonna l'empire romain. Duruy, dans sa grande *Histoire Romaine*, dit que cette résistance, malgré les travaux immenses des Romains, fut « égale ou supérieure à tout ce que l'héroïsme a jamais accompli ailleurs ». Le professeur français de Saulcy, le célèbre archéologue, termine son ouvrage sur le siège de Jérusalem par cette conclusion : « Avoir sous les yeux l'exemple du monde entier qui cède, et ne pas céder, voilà le comble de l'héroïsme national ».

« Ne pas céder », c'est là, en effet, un des traits dis-

____

(1) Certaines exceptions confirment la règle. (*Note de l'auteur.*)

tinctifs du caractère juif. Le juif a de la ténacité, il a de l'endurance. Le bon soldat n'est pas seulement celui qui, dans la griserie du combat, témoigne de la témérité, c'est encore celui qui supporte sans faiblir les assauts répétés, les souffrances quotidiennes, les fatigues incessantes.

Ces qualités militaires des juifs, vous les retrouverez tout au long de leur histoire. Quel plus sincère témoignage pourrait-on trouver que celui donné aux juifs de Varsovie, ou plutôt au régiment de juifs chargé de la défense de Praga, faubourg de Varsovie, en 1830, par le député Salverte ? Il s'écrie à la Chambre : « Pas un ne manqua à l'appel de la mort. Ces hommes étaient dignes d'être Français ! » Peut-on imaginer plus digne hommage à la fois pour les juifs de Varsovie et les Français, à qui l'héroïsme est si familier que celui même d'étrangers semble être leur œuvre ?

Français — les juifs le sont par droit de cité (qu'on relise les vieilles ordonnances des rois, et notamment celles du roi René de Provence, qui eut pour eux de l'affection, voire de la tendresse) ; ils le sont surtout pour avoir mêlé leur sang à celui de leurs compatriotes sur les champs de bataille. Qui donc disait un jour que, si la France a émancipé les juifs, ceux-ci ont payé leur dette ? Ils continuent, du reste, avec joie comme s'ils devaient encore, parce que c'est la France, leur mère, qui exige d'eux le sacrifice suprême.

Les volontaires juifs furent nombreux sous la Révolution ; les armées de Napoléon Ier comptèrent beaucoup de juifs. Voyez-les ensuite en Afrique et à Sébastopol...

Au siège de Sébastopol, quatre... Cahen se distinguent : deux sont tués, l'un au moment où il allait recevoir la croix ; un troisième est frappé de deux balles dans le bras et guérit pour être tué en 1871 sous Paris ; le quatrième, blessé, reprend aussitôt du service en remplacement de l'adjudant. Greilshamer, cinq fois blessé, quitte cinq fois l'ambulance pour revenir à son poste. Blum, la gorge trouée par une affreuse blessure, recommencera à Magenta. Le capitaine Mayer, porteur d'un congé en règle, veut atten-

dre, avant de partir, l'assaut de Malakoff et est tué. Il y a
encore des Hinstin, des Sée, des Abraham, des Jacob. A
Jacob, ralliant les débris du 61ᵉ de ligne, le général de Mar-
timprey crie : « Allons, mon brave Jacob ! encore une fois
à l'assaut avec ces braves gens ! en avant ! » Jacob s'élance
sur la position ennemie qui est prise et reprise dix fois.
Il est criblé de balles et amputé.

Et plus tard ! Que ceux qui ont encore le triste courage
d'être antisémites aillent faire un tour au cimetière de
Sedan ou qu'ils lisent les tableaux statistiques du Dʳ Grel-
lois, médecin en chef des ambulances de Metz. Qu'ils par-
courent les listes de tués de Reichshoffen, Spicheren, des
bords de la Loire, de Strasbourg, de Belfort. Ils rendront
hommage, quoi qu'ils en aient, aux Brisac, aux Boris, aux
Lambert, aux Lévi-Alvarès, aux Samuel, aux Brandon, aux
Aron, aux Salvador, aux Lévy. Et les petits volontaires juifs
ne furent pas indignes de leurs aînés, les Bara et les Viala.
Leser, 18 ans, tombe à Buzenval ; Jacques Bloch, 16 ans, a
les pieds gelés à l'armée de Bourbaki, tandis que son père
se bat à Colmar. Robert Bloch, 16 ans, meurt des fatigues
de la guerre, alors que son frère Richard Bloch, 18 ans,
obtient la médaille militaire. En 1872, aux élèves de Saint-
Louis, le général Saget rappelait la belle attitude de Bloch
et disait : « L'un d'entre vous, le jeune Bloch, a pris part
aux fatigues, aux dangers, aux rudes et glorieux combats de
l'armée de la Loire, de façon à mériter de porter sur la
poitrine l'insigne de l'honneur, la médaille militaire, qui
ne se donne qu'aux soldats les plus vieux et les plus braves.
Le nom de votre jeune camarade vivra longtemps dans les
souvenirs du lycée Saint-Louis. Il vous laisse un titre de
noblesse ! » Et Raine, âgé de 15 ans, le petit franc-tireur de
Garibaldi, le plus jeune peut-être de tous les combattants français de 1870 ! Et Edouard Philippe, refusé à cause de sa
petite taille et qui s'engage dans les francs-tireurs, sauve
un drapeau et devient capitaine !

*
* *

Aujourd'hui, vous allez le voir, les actions d'éclat sont
nombreuses, la liste des citations à l'ordre est considéra-

ble... Une remarque piquante : c'est à un officier juif, le colonel Camille Lévy, que se rapporte la plus longue des citations publiées par l'*Officiel*.

La liste des morts est longue, plus longue encore, car les juifs morts depuis 15 mois pour la France sont légion. Nous ne pouvons, dans ces notes, parler de tous : ils sont trop. Nous avons voulu les relier à leurs morts d'hier, à leurs morts de toujours. Ils sont morts sur la terre française, qui les a recueillis amoureusement dans son sein, sur la terre française qui, dorénavant, se fera pour leurs frères vivants plus hospitalière et plus douce ! Ils sont morts pour que la patrie renaisse plus belle, plus grande, plus honorée, plus noble, et meilleure encore. Ils sont morts pour les grandes traditions de la France : la justice et la liberté ! »

André VERVOORT.

(*26 novembre 1915*).

Sur ce thème « les Juifs et la guerre », on pourrait déjà écrire plus d'un volume et éditer tout un journal. M. André Vervoort, qui publie la collection de la « Brochure populaire », n'a prétendu ni épuiser le sujet ni le renouveler dans celle qui porte ce titre et encore qu'elle ne s'annonce que comme une « première partie » (1).

« Il ne s'agit point ici, explique-t-il dans son introduction, d'une apologie des israélites : il s'agit simplement de rendre justice à toute une catégorie de bons Français trop souvent méconnue, trop longtemps accablée d'injures, quelquefois persécutée... J'ai eu l'idée de regarder de près le rôle des juifs pendant la guerre. Il a été parfait... la généralité des juifs se sont conduits en Français animés du plus pur esprit français... Les actions d'éclat sont nombreuses, la liste des citations à l'ordre est considérable... La liste des morts est longue, plus longue encore, car les

(1) *Les Juifs et la guerre (1re partie)* : Paris, 8, boulevard des Italiens.

G.

juifs morts depuis 15 mois pour la France sont légion.
Nous ne pouvons, dans ces notes, parler de tous : ils sont
trop. »

En fait, M. Vervoort s'est borné à compiler une liste
d'israélites morts pour la France, d'après un journal israélite qu'il a peut-être copié trop fidèlement. Quelques noms
sont en double, quelques-uns sont de trop. Il faut en dire
autant de la liste des citations à l'ordre de l'armée, dressée
d'après la même source par ordre alphabétique des noms.
Beaucoup de lecteurs seront heureux de retrouver dans cette
brochure des noms qui leur sont chers ; quelques-uns
éprouveront de la surprise.

Pour son Introduction, M. Vervoort s'est servi visiblement, en la résumant, de la conférence de M. Maurice Bloch
sur « les vertus militaires des Juifs » (1). Ce qu'il a ajouté
de son cru n'est pas toujours exact, comme quand il assure
« qu'en Bretagne, ainsi que dans toutes les provinces, il
naît chaque jour des enfants dont les parents appartiennent à la religion de Moïse », ou « qu'il y a à Paris des
familles juives qui, depuis des siècles, sont installées au
centre de la grande ville ». Et nous ne nous sentons pas du
tout flattés par le compliment, quand il ajoute : « Ces
juifs-là sont... pour la plupart, du reste, très (?) libres-
penseurs... J'ai personnellement plusieurs amis juifs dont
les fils ont été portés sur les fonts baptismaux. Ils se
lamentent en souriant ». Nous n'avons pas envie de sourire d'une apostasie qui outrage à la fois la religion qu'on
quitte et celle que l'on prend.

Mais nous n'insisterons pas. L'intérêt de la brochure de
M. Vervoort est dans les deux longues listes qu'elle contient — celle des morts, qui sera toujours trop longue, celle
des citations, qui ne le sera jamais assez — et aussi dans le
fait qu'elle a pour auteur un publiciste qui s'égara naguère,
du temps de l'Affaire, dans le camp antisémite, quoiqu'il

---

(1) Paris, librairie Durlacher, 1897 ; réimprimée dans *Quatre confé-
rences sur les Juifs* ; Paris, librairie Fischbacher, 1901. Là non plus
le sujet n'est pas épuisé, ni même développé. Mais c'est la seule publication que nous ayons ; il faut la lire et la faire lire pendant la guerre
et en ce moment surtout, à l'occasion de Hanouca.

professe que « l'affaire Dreyfus ne provoqua pas en réalité de luttes antisémites ». A cet égard, il importe de relever cette déclaration. « A notre sens, il n'y a plus de question juive en France... Dès qu'ils se donnent un peu la peine d'examiner la vie sociale contemporaine, les hommes de mon âge, qui, jadis, ont lu avec un avide plaisir les œuvres antisémites, les hommes raisonnables rendent justice aux juifs, à leur intelligence, à leur probité », — et de saluer cet éloquent hommage à nos morts : « Ils sont morts sur la terre française, qui les a recueillis amoureusement dans son sein, sur la terre française qui, dorénavant, se fera pour leurs frères vivants plus hospitalière et plus douce ! Ils sont morts pour que la patrie renaisse plus belle, plus grande, plus honorée, plus noble et meilleure encore. Ils sont morts pour les grandes traditions de la France : la justice et la liberté ».

(17 décembre 1915).

M. André Vervoort fait paraître, comme il l'avait annoncé, la deuxième partie de sa publication sur « les Juifs et la guerre ». Soit que le succès du premier fascicule l'ait encouragé à augmenter ses exigences, soit que le débit du second lui ait paru moins assuré, le prix s'est élevé de 25 centimes à 1 franc. Nous ne faisons pas ces remarques parce que la publication de M. Vervoort nous paraît une entreprise de librairie.

M. Vervoort s'adresse aux lecteurs israélites. Il nous apprend que quelques-uns n'ont pas approuvé la première partie. Mais ce sont des gens qui « appartiennent au monde des grands juifs, des juifs ayant, soit dans le monde, soit dans la politique, soit dans la finance, une très brillante situation. Ceux-là n'ont jamais souffert de l'antisémitisme et les campagnes pour ou contre leurs coreligionnaires les ont toujours laissés indifférents ». En revanche, ceux qui lui ont « prodigué leurs encouragements » — « et ils sont légion » — font partie de « cette catégorie de Français intelligents, laborieux, persévérants qui trouvèrent une place si honorable dans l'industrie, le commerce, les lettres et les arts ». Les correspondants ont témoigné à M. Vervoort, qui ne les flatte pas, « dans une volumineuse correspondance, leur fierté d'appartenir à une race » dont il avait montré l'héroïsme, rendant impossible par avance les accusations antisémitiques.

Car M. Vervoort a pensé aussi aux antisémites. « Les juifs ont encore des ennemis féroces et notre brochure a saisi, au bon moment, l'occasion de prouver que ces antisémites se trompaient du tout au tout sur la loyauté, le patriotisme, l'abnégation des israélites français... On peut essayer de les salir à nouveau, de les maltraiter, de les persécuter. Ça ne prendra plus. La preuve est faite. Ils n'auront qu'à montrer notre petit livre et à répondre : Voilà ! » Si ce n'est de la publicité, c'est de la vanité, ou de la naïveté. Un critique a fait observer sérieusement, dans l'*Emancipation juive :* « Si tous les antisémites étaient des gens de bonne foi, qui ne demanderaient qu'à être bien renseignés, des livres comme celui de M. Vervoort pourraient vraiment leur rendre service. Mais les antisémites ne sont pas du tout des gens mal renseignés... Les juifs n'ont pas besoin de prouver qu'ils sont des citoyens aussi loyaux que les autres. Cela ne peut et ne doit pas être mis en doute par des gens de bonne foi. Le meilleur moyen de lutter contre les antisémites, c'est de les démasquer, de montrer leur connivence avec la réaction politique et sociale, de découvrir les intérêts d'ordre matériel qui les guident... »

En vérité, il n'y a pas que des antisémites et des philosémites : il y a la grande masse du public, qui est indifférente, neutre, et qui ne sait pas. C'est ce gros public qu'il peut être utile d'éclairer, et même le plus grand nombre des juifs qui eux, non plus, ne savent pas. Aussi les publications comme celle de M. Vervoort, qui n'engagent que l'auteur et ses informateurs, peuvent-elles être de quelque utilité pour la moyenne du public, israélite et non israélite, malgré leur imperfection.

M. Vervoort reconnaît que son œuvre est imparfaite et il

ajoute en note : « On ne s'imagine pas la difficulté que nous avons éprouvée dans la composition des listes qu'on va lire : nous avons dû faire de nombreuses recherches dans les bureaux les plus divers ». Il aurait pu rester dans son bureau pour compiler ses deux listes alphabétiques, sans beaucoup de critique, d'après les journaux israélites. Moyennant quoi il a réuni une liste d'un peu plus de 330 morts au champ d'honneur, et une liste de plus de 200 cités à l'ordre (sans distinction ; dans le nombre quelques décorés). Les communications des familles paraissent n'avoir pas été très nombreuses. La liste des morts a été néanmoins établie avec plus de soin que dans le premier fascicule.

(19 octobre 1917).

Contribution au « Livre d'Or »

M. Albert Manuel, secrétaire général du Consistoire israélite de Paris, a entrepris le difficile recensement des soldats israélites tombés au champ d'honneur, décorés ou cités. Il ne se flatte pas d'avoir recueilli tous les noms de ces braves. Néanmoins, les chiffres qu'il énonce forment une base d'appréciation du plus haut intérêt. Les voici tels quels, arrêtés à la date du 18 février 1916 :

1° Tués, morts de leurs blessures, morts de maladie 1.276

2° Nommés ou promus dans l'ordre de la Légion d'honneur 139

3° Décorés de la médaille militaire 120

4° Cités à l'ordre du jour (armée, corps d'armée, division, brigade, régiment) 683

5° Décorés de la médaille des épidémies 10

Ces données ont été élaborées avec beaucoup de soin et sur des renseignements bien vérifiés.

(31 mars 1916).

Nous avons annoncé en son temps que M. Albert Manuel, l'infatigable secrétaire général du Consistoire de Paris, avait commencé à recueillir les noms des israélites morts au champ d'honneur cités à l'ordre et décorés pour faits de guerre. Nous avons dit aussi que ce travail avait déjà donné des résultats appréciables.

M. Manuel a pensé que le moment était venu de mettre en œuvre ces premiers résultats de son enquête et qu'il répondrait au vœu des communautés et des familles en publiant, pour commencer, des listes alphabétiques provisoires de morts au champ d'honneur et de cités à l'ordre.

Cette publication est en bonne voie et on espère qu'elle pourra voir le jour à la fin de ce mois, pour les fêtes de Tichri (1).

(15 septembre 1916)

La Commission Historique
de Recherches

D'autre part, il vient de se constituer, sous les auspices de la Société des Etudes juives, une « Commission historique de recherches des documents sur les israélites de France pendant la guerre de 1914 ». Cette Commission, composée principalement d'historiens et d'archivistes, se propose de recueillir dès maintenant, de conserver jusqu'à un certain moment et de publier ou de faire publier, lorsqu'il y aura lieu, tous les documents de toute nature relatifs à la participation des juifs de France à la guerre et aux œuvres de guerre et à l'histoire du judaïsme français pendant cette période. Elle coordonnera les recherches déjà entreprises ; elle utilisera notamment les matériaux réunis par M. Manuel et soumettra tous les documents à un contrôle rigoureux d'après les méthodes de la critique historique.

Le siège de la Commission est à Paris, 17, rue Saint-Georges.

(15 septembre 1916).

Des publications comme celles de M. Vervoort (2) et de M. Barrès (3) ne peuvent que mettre en relief la nécessité de réunir, non seulement des listes authentiques de morts et de

(1) Elle n'a pas encore paru (avril 1918).
(2) Voir plus haut, p. 73.
(3) Voir plus haut, p. 43.

citations, mais les documents de toute nature relatifs à la participation des israélites de France à la guerre, de collectionner les matériaux qui serviront à l'historien futur, bref de constituer dès maintenant et peu à peu les archives israélites de la guerre. Une immense collection, destinée à l'Etat, est en ce moment réunie par M. et Mme Leblanc ; les cultes y seront représentés. Mais il convient qu'un groupement comme le judaïsme français ait sa collection particulière.

Nous avions déjà annoncé qu'une Commission, composée principalement d'historiens et d'archivistes, s'était constituée dans ce but, sous les auspices de la Société des Etudes juives.

Dans une séance tenue le 16 janvier dernier, la commission avait élu son bureau, ainsi constitué : M. Durkheim, président ; MM. Sylvain Lévi et Israël Lévi, vice-présidents ; M. Lucien Lazard, secrétaire ; M. Albert Manuel, secrétaire-adjoint.

La Commission s'était à peine mise au travail qu'elle éprouvait une perte sensible en la personne de son secrétaire, M. Lucien Lazard, un des promoteurs du projet (1). Au cours de la séance du 4 mai dernier, il a été remplacé par M. Jacques Teutsch, avocat à la Cour d'appel de Paris, un glorieux mutilé, qui apportera à l'œuvre tout ce qu'il doit à la guerre d'activité et de cœur.

La Commission a organisé son travail. Les documents à réunir ont été répartis en trois catégories : documents d'archives proprement dits (biographie et statistique), documents de bibliothèque (bibliographie), documents de musée (iconographie). La première section, qui comprend essentiellement les morts au champ d'honneur et les citations, est naturellement la plus importante et la constitution en est déjà assez avancée grâce aux matériaux antérieurement recueillis par M. Albert Manuel, secrétaire du Consistoire de Paris et mis par lui à la disposition de la Commission. Mais il ne faudra pas négliger les autres parties.

Afin d'obtenir le plus de renseignements possible, et les plus

____

(1) Depuis, le président de la Commission, M. Durkheim, est mort lui aussi.

sûrs, on a adressé une liste de correspondants et d'informateurs pour Paris et la province.

Un Appel a été adressé, dont voici la teneur :

« Il y a cent vingt-cinq ans, les juifs de France devenaient des citoyens français ; quatre-vingts ans plus tard, les juifs d'Algérie étaient appelés au même honneur. Membres de la grande famille française, les juifs ne songent pas, au cours de la grande épreuve qui a resserré encore l'unité nationale, à se constituer en groupe isolé. Français au même titre que tous les Français, comme tous les Français ils ne veulent, dans la lutte où leur patrie est engagée, que servir la France.

Mais l'amour qu'ils portent à leur pays ne leur commande pas de renier leur qualité de juifs. Croyants ou sceptiques, pratiquants ou indifférents, l'usage courant classe comme israélites tous ceux dont les ascendants ont appartenu officiellement à la confession juive. On comprendra qu'il n'est pas sans intérêt de savoir comment les Français d'origine juive, qui n'ont point embrassé une autre religion, se sont comportés dans la guerre qui a fait appel à toutes les forces du pays.

Notre Comité s'est constitué pour entreprendre cette enquête ; il entend la poursuivre dans un esprit purement scientifique, également éloigné des préventions de l'apologiste et de celles du détracteur. Il se refuse même d'avance à dégager les conclusions de ses recherches. Il se propose exclusivement de réunir des matériaux rigoureusement sûrs, contrôlés par la critique la plus sévère, en laissant à l'histoire le soin de les mettre ultérieurement en œuvre.

La Société des Etudes Juives, qui a derrière elle trente-cinq années d'un labeur universellement connu et apprécié, a bien voulu nous accorder son patronage.

Nous espérons que vous voudrez bien, vous aussi, vous intéresser à notre œuvre et nous prêter votre précieux concours pour nous aider à rassembler les documents utiles.

Nous avons cru bon de vous soumettre ci-contre quelques observations sur la manière dont vous pouvez les recueillir et sur les précisions que vous voudrez bien nous donner.

Nous ne doutons pas que vous ne consentiez à participer activement à l'enquête dont nous venons de vous exposer le but élevé. Il nous sera particulièrement agréable de recevoir de vous l'assurance que nous pouvons vous compter au nombre de nos collaborateurs.

Nous serons des plus heureux d'examiner les remarques et les suggestions que vous pourrez avoir à nous soumettre sur l'exécution de notre projet.

Veuillez agréer, etc...

Le Comité :

Président : Durkheim, Professeur à la Faculté des Lettres de Paris ; *Vice-Présidents :* Israël Lévi, Professeur à l'Ecole des Hautes-Etudes ; Sylvain Lévi, Professeur au Collège de France ; *Secrétaire Général :* Jacques Teutsch, Avocat à la Cour ; *Trésorier :* Albert Manuel, Secrétaire Général de l'Association Consistoriale Israélite de Pais ; *Membres :* Bergson, Membre de l'Institut ; Camille Bloch, Inspecteur des Archives ; Gustave Bloch, Professeur à la Faculté des Lettres de Paris ; Albert Cahen, Inspecteur Général de l'Instruction publique ; Glotz, Professeur à la Faculté des Lettres de Paris ; Hadamard, Membre de l'Institut ; Hauser, Professeur à l'Université de Dijon ; Lévy-Bruhl, Professeur à la Faculté des Lettres de Paris ; Liber, Professeur au Séminaire Israélite ; Lyon-Caen, ancien Doyen de la Faculté de Droit de Paris ; Milhaud, Professeur à la Faculté des Lettres de Paris ; Docteur Netter, de l'Académie de Médecine ; Salomon Reinach, Membre de l'Institut ; Albert Wahl, Professeur à la Faculté de Droit de Paris. »

A l'appel est annexée une nomenclature méthodique des documents pouvant servir à l'histoire des juifs français pendant la guerre ; il est suivi également des instructions aux collaborateurs.

Les recherches actuelles de la Commission historique, que plusieurs de nos lecteurs sont en mesure de faciliter par leurs renseignements, portent principalement sur :

1° la liste des israélites morts pour la France (noms, prénoms, date de la naissance, date et lieu de la mort, noms et adresse des parents) ;

2° le texte des citations à l'ordre de l'armée et des diverses unités, des décorations et promotions quand elles sont accompagnées de motifs pour faits de guerre (avec référence au *Journal Officiel* ou au *Bulletin des Armées*).

Le siège de la Commission Historique est à Paris, 17, rue Saint-Georges, où les renseignements peuvent être adressés (1).

(*16 novembre 1917*).

(1) Cet Appel s'adresse également aux lecteurs de la présente brochure. (*Note de l'éditeur*).

Les soldats de 1915

LE RABBIN

Il y a de tout parmi ces hardis marsouins : des ouvriers, des bourgeois, des instituteurs, des curés ; il y a aussi un rabbin. Et tout ce monde fraternise dans un même amour de notre Mère sacrée, la Patrie. Les prêtres et les instituteurs, qui sont généralement gradés, font ensemble le meilleur ménage. Ils ont oublié les malentendus qui séparaient il y a peu de mois l'église et l'école. Ils se sont reconnus les mêmes âmes de bons Français et ils semblent vouloir, aujourd'hui, par des amitiés plus ferventes, effacer toutes traces des anciennes divisions.

Le rabbin a sa part dans cette grande communion française.

C'est un petit homme, au type très prononcé. Sa voix fort douce a un étrange accent qui la rend plus prenante encore. Ses yeux myopes, abrités derrière des lunettes, ont une expression sereine et candide, telle qu'on la rencontre dans le regard naïvement effaré des tout-petits.

Le rabbin n'avait aucunement été préparé à la vie militaire. Appelé sous les drapeaux alors que pour lui la quarantaine allait sonner, il met à servir son pays toute l'ardeur, à défaut de la souplesse, que peuvent déployer nos conscrits de la classe 1916. Il suit de son mieux les conseils des instructeurs ; il arrive quelquefois à réussir les mouvements compliqués qu'on lui enseigne.

Sa partie faible est le tir, non pas qu'il y mette moins de bonne volonté qu'aux autres exercices, mais sa pauvre vue n'atteint pas, à beaucoup près, le guidon du Lebel. A son premier tir, le rabbin ne mit aucune balle dans la cible. Aux épreuves suivantes on lui demande s'il avait mieux réussi.

— Oui, dit-il, je crois bien que j'ai fait un point... C'est l'instructeur qui me l'a dit : il a tiré pour moi, afin de me montrer à bien viser.

Le rabbin, s'il a quelques naïvetés en matières militaires, est très scrupuleux.

Samedi, il était appelé à toucher une indemnité de 2 fr. 50 de frais de route. Il se présente devant le sergent-major et demande à ne toucher que le lundi.

— C'est impossible, dit le « double », les pièces sont prêtes, vous n'avez qu'à signer.

— Mais précisément, je ne puis pas signer aujourd'hui.

— Comment cela ?

— Ma religion me défend de signer un samedi ; je ne puis faire aucun travail ce jour-là.

— Mais, tous les samedis, vous allez à l'exercice comme les autres jours ; vous allez aux patates le samedi comme le lundi et ce matin, bien que ce fût samedi, vous avez lavé votre paillasse.

— Parce que j'étais commandé. Je devais obéir. Mais toucher de l'argent et signer un samedi seraient des actes de ma volonté. Je ne puis le faire!

On s'est incliné devant les scrupules religieux, si respectables, du rabbin, et c'est seulement le lundi qu'il toucha ses 2 fr. 50.

Que de chrétiens n'auraient pas eu comme lui le courage de leur foi !

J. R.
(Le Progrès de l'Oise du 7 mai).

Nous avons voulu savoir quel est le rabbin dont parle notre confrère : il s'agit, croyons-nous, de M. le rabbin Stourdzé qui, depuis le 17 mars, se trouve incorporé au 23e régiment d'infanterie coloniale.

(14 mai 1915).

Lettre d'un soldat

Monsieur le Directeur,

Je ne sais par les aimables soins de qui j'ai reçu votre journal, mais je m'empresse de remercier l'expéditeur anonyme qui m'a, par deux fois, procuré le plaisir de le lire. Depuis près de huit mois, je n'ai eu de la vie juive que quelques nouvelles reçues de droite et de gauche ; j'étais complètement séparé de l'Univers... israélite.

L'importance que j'attache à être en relations avec le monde juif pourrait sembler déplacée en ce moment où seul le salut de la patrie compte. Mais si je vous disais que le sort de la patrie française est en ce moment étroitement lié à celui du judaïsme, vous le croiriez certainement, mais bien des gens souriraient. Cependant il en est — je l'ai su par la *Guerre Sociale* — qui, sans faire partie de notre nation, sont accourus sous ses drapeaux en qualité de juifs. C'est assez dire que la cause de la France est doublement sacrée pour le juif français, triplement pour celui qui est originaire d'Alsace-Lorraine.

Si le pangermanisme est un danger pour la France, sa conclusion logique est l'antisémitisme, et ce qu'il y a de plus odieux et de plus funeste dans cet antisémitisme, c'est qu'il n'est plus, comme dans d'autres pays, l'expression spontanée d'instincts aveugles, mais un système clairement conçu et sanctionné par l'autorité de la science. C'est l'Allemagne qui a fourni les grands théoriciens de l'antisémitisme à la source desquels sont venus s'abreuver certains de nos concitoyens égarés. Et l'on sait bien que, pour faire le mal, les écrits allemands cessent d'être des chiffons de papier.

Et quand la cause allemande ne reposerait pas d'une façon aussi évidente sur la ruine du judaïsme, elle consisterait encore en l'abolition de tous nos principes et de toute notre morale.

Avec des paroles alléchantes de paix, mais les mains armées de glaives, l'Allemagne n'a eu d'autre idéal que la guerre, tandis que notre désir est d'être des disciples d'Aaron, aimant et recherchant la paix, que nous invoquons trois fois par jour et qui a été le vœu le plus cher de la plupart de nos grands prophètes.

Non pas que nous la voulions au prix de notre honneur, nous avons assez prouvé au temps des Macchabées et du second Temple que nous ne savions pas nous soumettre à la force ; mais la guerre a toujours été considérée par nous comme un mal à déplorer et non comme un idéal à poursuivre et à chanter, ni même comme une inéluctable nécessité... Les héros de nos poèmes sont les observateurs du droit et non les détenteurs de la force. Plus héroïque à nos yeux est celui qui maîtrise ses mauvais penchants que celui qui s'empare d'une forteresse.

Quand la guerre nous était imposée, nous ne croyions pas permis pour cela d'outrepasser toutes les conventions. Et, dans un état de choses où la femme captive était à la merci de son ravisseur, il était enjoint à ce dernier de lui accorder tous les droits de la femme légitime ou la liberté. Avant d'assiéger une ville, il nous était ordonné de parlementer avec elle ; de plus, il était défendu d'y commettre des destructions inutiles. Nous étions à tel point tenus par notre parole envers nos ennemis que nous lui restions fidèles quand même elle nous avait été arrachée par la ruse. L'histoire de Josué et des Gabaonites en fait foi. Mais nous voilà bien loin des procédés de la Kultur.

Indépendamment de l'organisation de la guerre, la cité juive reposait sur une tout autre base que l'Empire boche. Au lieu que dans celui-ci l'empereur est tout et le peuple une pauvre machine qui doit servir ses ambitions, dans la législation juive, le peuple était tout et le roi, comme un simple citoyen, était soumis à toutes les obligations et à tous les devoirs prescrits par la loi. Ce n'était pas le détenteur de la Force qui était le maître, mais le représentant de la Loi, c'est-à-dire de la bonté et du droit, et chaque fois qu'un roi s'est permis de se mettre au-dessus des lois, il s'est trouvé quelqu'un pour le rappeler à l'ordre.

Je sais bien que le Kaiser et ses hobereaux prétendent combattre pour la civilisation et contre la barbarie russe et qu'ils font souvent un argument de l'antisémitisme existant dans l'empire des Tsars. Mais qu'a de commun l'antisémitisme russe, instinct aveugle de foules non encore éduquées, avec celui des Allemands, préconisé, prêché et surtout méthodiquement « organisé » par les *Herren Doktoren* et élevé par eux au rang d'une science ?

Pour nous juifs français, la Russie est l'alliée de notre pays : elle mène donc le bon combat, Puis elle a le mérite insigne de ne pas prétendre, comme le fait l'Allemagne, à la domination du monde. Nous avons trop souffert de semblables prétentions pour ne pas les avoir en horreur en quelque temps et de quelque lieu qu'elles viennent. Du temps d'Antiochus Epiphane ou de l'Inquisition, nous avons vu les effets funestes d'une civilisation qui entendait régner exclusivement ; du temps des Romains, ceux d'une puissance qui veut tout gouverner. Nous sommes donc solidaires autant par notre passé que par notre présent de tous ceux qui souffrent pour leur liberté, leur honneur et leur indépendance.

Tels sont, cher monsieur inconnu qui m'avez envoyé l'*Univers*, les sentiments d'un soldat qui combat, voilà bientôt huit mois, pour l'honneur de la France, qui est aussi celui du monde civilisé.

Veuillez agréer, etc...

D. B...,

... *bat. de chasseurs.*

(14 mai 1915).

Comment un Juif,
fils adoptif de la France,
sait aimer la patrie

On imagine difficilement la tendresse dont le juif — hier un sans-patrie — entoure et chérit le pays qui l'accueille et le traite comme un homme... L'orphelin adopté par des cœurs généreux ne saurait, à ses bienfaiteurs, vouer plus sincère, ni plus profonde affection. Car si les petits « sans-parents » ont, le plus souvent, pu connaître le baiser de la vraie mère ou du vrai père, le juif « sans-patrie », lui, ne conçoit même pas le sens d'expressions telles que celle-ci : « Etre le fils d'un pays où la patrie confond dans une même sollicitude tous ses enfants »... Ce sont là pour le juif de certains pays modernes (!) de véritables non-sens. Aussi quand ces juifs trouvent enfin une patrie, la *révélation* de cette chose sacrée leur est si grandiose, si éblouissante qu'un amour sans bornes, exclusif, presque farouche pour le pays d'adoption s'empare à jamais de leur cœur, jusque-là sevré du plus beau, du plus pur des sentiments. Et quand la nouvelle patrie c'est la France, cet amour n'en est que plus profond et plus grand et aussi, dirons-nous, plus conscient.

Voyez — et c'est là un exemple entre mille — en quels termes admirablement vibrants et fiers M. le Dr Stern, originaire de Jassy, parle de la France, de son armée, de la guerre et de la victoire. M. le Dr Stern, qui est naturalisé Français, écrit du front occidental à son frère et à sa belle-sœur en Roumanie. Les fragments de sa lettre que nous donnons plus loin ont paru en roumain dans le journal *Seara* de Bucarest et ont été reproduits par le *Curierul Israelit* du 24 juillet 1915 (ancien style), à qui nous les empruntons :

« Mes chers frère et belle-sœur,

« Votre lettre de ... ainsi que le télégramme, je les ai reçus en même temps ; le télégramme avait été d'abord envoyé à Malte.

Oh, avec quel plaisir j'ai lu vos lignes ! Quelles émotions j'ai traversées ! je vous les raconterai à la fin de la guerre. Pour le moment je veux seulement vous dire que je suis bien portant et dispos, plein d'espoir dans le succès de l'armée française. Si vous saviez avec quelle douce joie je sers mon pays !

J'ai reçu une lettre de mère. Elle me recommande d'avoir pitié des blessés allemands. Recommandation bien inutile ! Car, ici, en France, tout le monde est bon et généreux. J'ai déjà soigné beaucoup d'Allemands blessés, et toujours avec bonté. Les prisonniers eux-mêmes sont traités par nous avec infiniment d'humanité.

Mère me recommande aussi le fils de notre oncle M..., qui est soldat allemand. Bien sûr que je m'occuperai de lui, si le hasard l'amène blessé dans mon ambulance. Mais je vous avoue que je ressentirai pour le soldat français plus d'amour que pour lui-même, car il sert dans l'armée ennemie de mon pays.

Ma ville est occupée par les Allemands et qui sait en quel état se trouve ma propre maison ? Mais qu'importe ? l'essentiel est que la France soit victorieuse. Je suis maintenant plein d'espoir. L'armée française est en très bonne voie et bien des Boches laissent leurs os par ici.

Ah ! quelle chose horrible que la guerre ! Pourquoi le monde est-il insensé ? Mais que voulez-vous : La France a été attaquée. La France s'est défendue... »

Ne dirait-on pas un Français de la plus pure *race* qui parle ? C'en est un, en effet.

(*27 août 1915*).

Nobles paroles d'un cœur français

Mme Sophie Fridmon, infirmière-major à l'hôpital de Berck-Plage (dames de la Croix-Rouge, service du docteur Calvé) vient de recevoir du sous-secrétaire d'Etat du Service de Santé la palme en or en récompense de son dévouement et de ses soins, qu'elle prodigue inlassablement aux blessés depuis le premier jour de la guerre.

En remerciant le gouvernement pour cet hommage, Mme Fridmon a prononcé le discours suivant :

« Je suis touchée de l'honneur qu'on nous a fait aujourd'hui et des compliments et remerciements que nous a adressés le médecin-chef pour notre courage et notre dévouement envers nos chers blessés. Je suis particulièrement touchée en ma qualité d'infirmière étrangère.

« Etrangère ! Je prononce ce mot, mais je ne le sens pas parce que j'aime la France : la France, c'est ma seconde patrie ! J'aime la France pour sa beauté naturelle, pour son art, pour sa noblesse, pour sa civilisation et sa justice. Je suis fière de me trouver parmi vous, de parler votre langue et d'imiter vos gestes. Je n'oublierai jamais ce que la France a fait pour nous tous étrangers ; elle a compris notre pénible existence à nous que, les persécutions, les pogroms et les knouts ont chassés de chez nous, et quand nous demandions : « Pourquoi tant de misères et où faut-il aller ? » on nous répondait avec un ton bref et sans pitié : « Tu cherches l'humanité, fuis où tu voudras ! »

« La France nous a reçus avec grâce et générosité, elle nous a donné la lumière, elle nous a accordé l'égalité et la liberté ; elle a arraché de nos cœurs les ennuis et les pleurs ; elle nous a donné son sourire et sa gaîté. Les Français nous protègent avec tact et délicatesse. Aussi nous gardons une reconnaissance éternelle envers la France, et tout ce que nous faisons en ce moment n'est que notre devoir et bien petitement rempli ; car qu'est-ce que ces quelques heures de travail que nous donnons tous les jours en venant vous soigner, vous, nos chers soldats français ? Vous qui avez abandonné vos parents, vos femmes, vos enfants et vos fiancés, qui avez exposé vos poitrines, sacrifié vos bras et vos jambes, brisé vos carrières pour défendre votre patrie, pour défendre votre bien, votre France qui est si belle, pour défendre vos droits et votre liberté.

« Vous avez versé votre sang tout le long de la frontière pour effacer les traces des horreurs et des crimes commis par l'ennemi sauvage et barbare. Vous avez vengé vos pères, qui sont tombés fiers et glorieux, dans toute leur jeunesse, pour la justice humaine. Vous avez vengé vos veuves, les orphelins et les mères ; vous avez vengé vos églises, vos crèches et vos chaumières. Vous avez vengé vos villes en ruines et en poussière. Vous avez vengé vos alliés de leurs pertes cruelles. Vous, qui préparez la victoire prochaine, la paix universelle, comme de nobles guerriers, vous méritez nos soins, nos pleurs et les prières que nous faisons monter pour vous devant Dieu !

« Non ! nous ne sommes pas pour vous des infirmières étrangères ! nous sommes aussi vos sœurs parmi toutes vos sœurs ici dévouées et fidèles ; nous partageons votre mal en soignant vos plaies ; nous admirons vos cœurs en vous entendant parler ; votre esprit et votre bonté, votre courage et votre force grandissent chaque jour à nos yeux. Nous voulons tout faire pour vous exprimer notre sympathie et notre admiration ; nous voulons faire notre devoir avec vous, jusqu'au bout ! Nos maris et nos fils iront vous aider pour chasser l'ennemi de la France et nous chanterons avec vous la Victoire finale !

« Si le sang qui coule dans mes veines n'est pas pur français, si ma voix et ma parole ont un son étranger, si ma langue fourche pour vous exprimer tout ce que je sens pour votre pays, mon cœur est français ! et je répète encore une fois mes premières paroles : J'aime la France ! Je veux vivre parmi vous et mourir chez vous ! »

(8 mars 1918).

Un témoignage

« Trouvé, dans un poste, un portefeuille. Ayant dû l'ouvrir pour en connaître le propriétaire, voici toute une série de photographies d'israélites.

Les femmes ont le type classique, qui n'a guère changé depuis Rachel, Déborah, Judith. Les hommes portent, avec aisance, l'uniforme de l'armée française. L'un d'eux, un Toulois, a sur sa capote de caporal la médaille militaire gagnée à l'ennemi.

Les israélites, dans cette guerre, ont bien mérité du pays, comme en 1870, d'ailleurs.

Emancipés par la Révolution, ils ont largement payé le tribut du sang à la France et à la République. »

(De l'« *Est Républicain* »).

(3 septembre 1915).

L'hommage d'un adversaire

Continuant sa série d'articles sur « les diverses familles spirituelles de la France », M. Maurice Barrès s'étend avec une complaisance naturelle sur ceux qu'il appelle les « traditionalistes » et qui sont plus connus sous le nom de « nationalistes ».

Il consacre tout un article (*Echo de Paris* du 7 mars) à la belle figure d'Henri Lagrange, un « camelot du roi », tombé en Champagne à l'âge de 20 ans. Il a trouvé dans ses lettres « plusieurs notes qui montrent soit les progrès naturels de son âme sous l'impulsion des événements, soit sa nature généreuse d'adolescent. Parfois, il revenait sur ses luttes épiques d'avant-guerre et, si jeune, il revisait ses actes et ses pensées ». Et M. Maurice Barrès cite comme exemple ces lignes du héros : « Que de jeunes juifs auxquels je refusais absolument la solidarité française sont tombés au champ d'honneur après s'être héroïquement comportés ! »

Encore que nos héros soient assez grands par eux-mêmes, ce témoignage est précieux pour nous. Mais l'*Action Française*, qui glorifie chaque jour ses morts et se charge de recueillir fidèlement leurs pensées suprêmes, que dira-t-elle de cet hommage rendu par l'un des siens aux soldats juifs de France ?

Continuera-t-elle à exclure les juifs de la solidarité française ? Alors nous laisserons ses pamphlétaires de cabinet à leurs élucubrations et nous en appellerons aux Français des tranchées, à ceux que l'esprit de guerre a purifiés et qui ont vu leurs compatriotes juifs combattre ou mourir au champ d'honneur.

(13 avril 1917).

La question d'Alsace-Lorraine et les Israélites

De même que les travaillistes anglais — et d'ailleurs le secrétaire d'Etat au Vatican — les socialistes français viennent de se prononcer énergiquement pour le retour de l'Alsace-Lorraine à la France. Mais tandis que la résolution du parti socialiste admet le principe d'un plébiscite, les Alsaciens-Lorrains affiliés au parti protestent, dans une lettre adressée à Branting, contre l'idée d'un plébiscite.

Parmi les signataires de ce document, on relève 5 noms israélites, ceux de : Léon Blum, maître de requêtes au Conseil d'Etat, Emmanuel Lévy, professeur à la Faculté de Droit de Lyon, adjoint au maire de Lyon, Gaston Lévy, membre de la Commission administrative permanente du parti socialiste, Georges Weill, député de Metz, et Marcelle Weill, agrégée de l'Université.

Précédemment, M. Gaston Lévy avait donné un instant sa démission de membre de la C. A. P. pour protester contre le projet de plébiscite.

Il est à plus forte raison certain que les israélites alsaciens-lorrains non affiliés au parti socialiste, notamment ceux qui font partie de la jeune Ligue républicaine d'Alsace-Lorraine, sont, sur cette grave question, d'accord avec leurs compatriotes socialistes.

A plus d'un titre, il est important de prendre note de l'attitude du judaïsme dans la question d'Alsace-Lorraine.

(*7 septembre 1917*).

Commémoration de la protestation
des députés d'Alsace-Lorraine

La lettre circulaire ci-après a été adressée à tous les rabbins ou ministres du culte dans les communautés par M. Israël Lévi, grand-rabbin adjoint du Consistoire central :

« Le 1er mars prochain sera célébrée la commémoration solennelle de la protestation des députés de l'Alsace et de la Lorraine contre l'annexion de ces provinces à l'Allemagne.

« Il nous a été demandé de nous associer à cette manifestation patriotique par la lecture de la protestation dans nos synagogues.

« Une pareille invitation ne pouvait qu'être acceptée par nous avec empressement : elle correspond trop aux sentiments de nos coreligionnaires, qui sont pour la plupart originaires de l'Alsace-Lorraine et dont beaucoup ont quitté, en 1871, la terre natale pour rester Français.

« Je viens donc vous prier de vouloir bien lire et commenter à cette date ou, si vous préférez, le 2 mars les déclarations dont vous trouverez le texte ci-joint. La cérémonie pourra se terminer par une prière appropriée à la circonstance. »

**

Cette commémoration aura lieu vendredi soir 1er mars, à l'office du soir à 5 heures, à la synagogue de la rue de la Victoire et dans les autres synagogues de Paris.

(1er mars 1918).

La cérémonie annoncée a eu lieu vendredi soir 1er mars, à l'office de la veille du sabbat, avec une grande solennité dans toutes nos synagogues.

A la synagogue de la Victoire, décorée de drapeaux aux couleurs des Alliés, la foule était considérable. Les membres des deux consistoires et toutes les notabilités de la communauté avaient tenu à assister à la cérémonie.

Avant le *Kiddouch*, M. le grand-rabbin Israël Lévi a donné lecture à l'assistance debout du texte de la protestation. Cette lecture, faite avec une réelle émotion, a été suivie d'un magnifique discours qui en a été l'éloquent commentaire.

« La question de l'Alsace-Lorraine, a dit l'orateur, est comme l'axe de la présente guerre, non seulement pour nous, Français, mais encore pour les peuples qui luttent avec nous. C'est que, pour tous, le retour de ces provinces à la France symbolise la fin de cet odieux militarisme qui faisait de la préparation à la guerre la forme normale de l'activité nationale en temps de paix. Il doit marquer aussi la disparition de cette politique qualifiée de réaliste, qui prétendait disposer des peuples sans leur consentement et sacrifier les droits les plus sacrés aux plus coupables ambitions. Certes, la restitution de l'Alsace et de la Lorraine n'a pas été, de prime abord, notre but de guerre, qui n'était autre que la défense de nos foyers menacés, mais elle l'est légitimement devenue, puisque c'est la volonté de l'adversaire qui nous a imposé cette lutte. Tous les Français s'associent avec un égal patriotisme à la commémoration de la protestation des Alsaciens-Lorrains contre l'annexion à l'Allemagne, mais, nulle part, cette solennité n'éveille des sentiments plus profonds que chez les israélites français qui, en si grand nombre, sont originaires de ces provinces. Et ce n'est pas seulement leur patriotisme, c'est aussi leur foi religieuse qui vibre en ce moment, car l'Alsace a toujours été pour le judaïsme dans notre pays un foyer de piété et une vraie pépinière de rabbins qui ont honoré à la fois la religion et la patrie. Pour atteindre le but que nous avons devant nous, bien long sera peut-être le chemin à parcourir et de grands sacrifices nous seront encore demandés. Mais rien n'affaiblira notre volonté de l'atteindre et nous savons, notre cause étant juste, que nous pouvons compter pour cela sur l'aide du Tout-Puissant. »

Ce discours, dont plusieurs passages ont fait tressaillir

vivement l'assistance, s'est terminé par une prière au Juge de toute la terre pour qu'Il prenne en mains notre défense et qu'Il nous assure, par le triomphe du droit et de la justice, le rétablissement de la paix si ardemment souhaitée.

Rue Buffault, M. le rabbin Emmanuel Weill a rappelé ce que fit Ezéchias, lorsqu'il eut reçu un message insultant du roi d'Assyrie. Il prit la lettre des mains des messagers et la lut. Puis il monta au Temple et la déploya devant le Seigneur, à qui il adressa cette prière : « Seigneur Sebaoth, Dieu d'Israël, toi qui trônes sur les chérubins ! C'est Toi qui es le seul Dieu de tous les royaumes de la terre, c'est Toi qui as fait les cieux et la terre. Seigneur, incline ton oreille et écoute ! Seigneur, ouvre les yeux et regarde ! Entends toutes les paroles que Sanchérib a envoyées pour insulter au Dieu vivant ! Il est vrai, ô Seigneur, que les rois d'Assyrie ont ravagé tous les pays et leur propre pays et qu'ils ont jeté leurs dieux dans le feu, mais ce n'étaient point des dieux, c'étaient des ouvrages de mains d'hommes, du bois et de la pierre, et ils les ont anéantis. Maintenant, Seigneur, notre Dieu, délivre-nous de la main de Sanchérib et que tous les royaumes de la terre sachent que Toi seul es l'Eternel. » Nous aussi, nous prenons cette lettre de nos frères alsaciens, qui constitue un réquisitoire contre la violation du droit et de la justice et nous la lisons devant Dieu en lui disant : Voilà ce qu'ont dit, voilà ce qu'ont fait nos ennemis. Nos sentiments sont les mêmes que ceux qui animaient le roi Ezéchias et nous attendons comme lui le secours divin pour la réparation des torts et le triomphe de l'équité.

A la synagogue de la rue de Tournelles, toute la colonie alsacienne-lorraine du quartier s'était donné rendez-vous à la cérémonie de vendredi soir. Une émotion intense se lisait sur tous les visages et, quand M. le rabbin Raphaël Lévy, d'une voix vibrante, lut la fière déclaration de 1871, il y mit toute son âme de Lorrain et de patriote. Dans une brève et sobre allocution, il commenta ce serment solennel et releva ce que le retour prochain du judaïsme alsacien allait apporter de vie et d'activité au nôtre. Une prière, à laquelle se joignit tout l'auditoire, mit fin à cette émouvante cérémonie pour la réparation de l'iniquité et le triomphe glorieux de la France.

Au Temple de la rue Notre-Dame de Nazareth, la cérémonie a été particulièrement émouvante : l'assemblée des fidèles était composée en très grande majorité d'Alsaciens-Lorrains ou de descendants d'Alsaciens-Lorrains. Sur l'invitation de M. le rabbin Haguenau, assistant à l'office, mais empêché au dernier moment de prendre la parole, le rabbin Liber, aumônier militaire de passage à Paris, a prononcé l'allocution de circonstance. Après la lecture du texte même de la protestation, page capitale de notre histoire, il a indiqué ce que les provinces annexées représentaient pour la France et, en particulier, pour le judaïsme français. Il lut et commenta la lettre pastorale du regretté grand-rabbin Isidor, datant de la même époque et vibrant d'un beau souffle patriotique. En terminant, il exprima le vœu qu'au jour, souhaité prochain, où la France reprendrait possession de son patrimoine, le judaïsme français pût rendre témoignage aux parents et aux amis restés au-delà des Vosges qu'il était demeuré digne d'eux et des traditions religieuses emportées de la terre bénie, devenue sacrée à ses yeux comme la Terre-Promise le fut pour nos ancêtres.

(8 mars 1918).

À propos de la Déclaration
du 1ᵉʳ mars 1871

La protestation des députés d'Alsace et de Lorraine lue par Grosjean le 1ᵉʳ mars à l'Assemblée de Bordeaux et qui vient d'être solennellement commémorée porte vingt-sept signatures.

Parmi ces vingt-sept signataires, n'y aurait-il pas eu un israélite ? Si : Ed. Bamberger, député de la Moselle.

Le D' Bamberger, originaire de Strasbourg, praticien à Metz, mérite de symboliser le judaïsme alsacien-lorrain indéfectiblement attaché à la France.

Ce fut aussi Bamberger qui présenta à l'Assemblée Nationale une pétition contre l'annexion, qui avait été signée par près de 200.000 habitants de la Moselle, sous l'impulsion de M. Volff, avoué à Sarreguemines, un israélite aussi, qui paya de la prison son zèle patriotique.

Le fait fut relevé à l'époque par le D' G. Lévy, médecin du Bureau de bienfaisance israélite de Strasbourg, qui ajoutait : « Il n'est pas dans la plus misérable bourgade d'Alsace et de Lorraine un seul israélite qui ne soit attaché de cœur à la France et je puis dire sans blesser personne que les israélites de nos pays ont été frappés plus douloureusement que leurs concitoyens des autres cultes par les malheurs de la patrie et par leur annexion à l'Allemagne » (*Univers Israélite* du 15 septembre 1871).

Ces sentiments étaient partagés par les israélites originaires d'Alsace-Lorraine et émigrés en Amérique, de même qu'à l'occasion de la manifestation du 1ᵉʳ mars, un grand nombre de télégrammes et d'adresses ont été envoyés à Paris par les colonies alsaciennes-lorraines de l'étranger.

Puisque nous évoquons les souvenirs de 1871, rappelons un document que Crémieux fit connaître à l'Assemblée Nationale (voir l'*Univers Israélite* du 15 août 1871).

« Ils sont dix-sept israélites à Pernambuco, enfants de notre Alsace, de notre Lorraine. Ils apprennent la désespérante cession de leur patrie à la Prusse. Lisez leur protestation, noble, simple, touchante :

« Nous soussignés, demeurant à Pernambuco (Brésil), tous enfants de l'Alsace et de la Lorraine, convaincus que la République française n'a cédé notre bien-aimé territoire qu'à la force brutale des Vandales modernes et reconnaissant que les liens qui nous attachent à notre chère France sont plus sacrés pour nous que tous les traités du monde, déclarons avec orgueil, à la face de Dieu et des hommes, *que nous ne cessons et ne cesserons jamais d'être français.*

« Nous espérons en la Providence divine ! Oui, l'heure sonnera où de nouveau toutes nos familles se trouveront réunies à la grande famille française. »

Pernambuco, le 26 mars 1871.

Joseph Lehmann, né à Sarreguemines (Moselle).
David-Oscar Lévy, né à Ingwiller (Bas-Rhin).
Weil Samuel, né à Quatzenheim (Bas-Rhin).
Maurice Lévy, né à Ingwiller (Bas-Rhin).
Théophile Lévy, né à Brumath (Bas-Rhin).
Samuel Meyer, né à Saverne (Bas-Rhin).
Eugène Brisach, né à Metz (Moselle).
Jules Beer, né à Metz (Moselle).
Charles Meyer, né à Detwiller (Bas-Rhin).
Gabriel Hisch, né à Detwiller (Bas-Rhin).
Benjamin Coblentz, né à Romanswiller (Bas-Rhin).
Eugène Goetschel, né à Huningue (Haut-Rhin).
Salomon Lévy, né à Detwiller (Bas-Rhin).
Nathan Klein, né à Neuwiller (Bas-Rhin).
Jules Klein, né à Neuwiller (Bas-Rhin).
Adolphe Dreyfus, né à Mulhouse (Haut-Rhin).
Emile Bedel, né à Corcieux (Vosges).

(15 mars 1918).

Le Judaïsme français
et l'Alsace-Lorraine
(1871)

Sur le désir que nous en ont manifesté plusieurs lecteurs, nous publions le texte dont il a été question ici à propos de la commémoration de la protestation alsacienne-lorraine de 1871. C'est un extrait de la Lettre pastorale adressée par le grand-rabbin de France, Lazare Isidor (1813-1888), aux Israélites français, à l'occasion des fêtes de Tichri, après le traité de Francfort (dont un article soustrayait les communautés israélites des pays annexés à l'autorité du Consistoire central).

...Si nous pleurons, comme citoyens, la perte de nos deux belles et malheureuses provinces, que doit éprouver notre cœur d'israélite en songeant aux nombreux coreligionnaires qu'elles renferment et qui, par cette fatale annexion, cessent d'être Français ?

Que de liens nous unissaient, nous unissent encore à cette chère Alsace-Lorraine, si violemment arrachée à la France ! Là est notre berceau, là sont les tombeaux de nos pères ; presque tous, israélites français, nous sortons de ces provinces. En les perdant, le judaïsme français perd la moitié de ses enfants, ses plus belles synagogues, ses rabbinats les plus renommés et ses écoles les plus florissantes, ce terrain fécond où la vie religieuse avait, en quelque sorte, toutes ses racines et trouvait son élément nourricier. Nous ressemblons à un arbre coupé en deux par la foudre : ses deux parties, qui avaient même tronc et sève, pourront-elles continuer à vivre ? *Hên ani nich'arti levaddi, élé éïfô hêm* (1). Et la France israélite, comme la France politique, ressemble à Rachel pleurant ses enfants et qui ne veut pas se consoler parce qu'ils ne sont plus : *Méanôh le-hinôkhem... ki éinénou* (2).

Mais si la force nous a séparés, nos cœurs resteront unis, nos pensées et nos aspirations resteront confondues et les faits accomplis, quelle qu'en soit la durée, ne prévaudront pas contre la puissance des affections : *Ki azoh camovess ahavo* (3). Félicités et tribulations, douleurs et joies, — si joie, hélas ! est encore possible pour nos cœurs ulcérés — nous seront toujours communes.

Quant à moi, chers et infortunés frères que vous avez entouré de tant d'estime, honoré de tant de sympathie, mon cœur ne vous oubliera jamais. Les paroles que je vous adresse

(1) « Voici que je suis restée seule, et eux où sont-ils ? » (Isaïe, XLIX, 21).

(2) « Elle ne veut pas de consolation, car ils ne sont plus » (Jérémie, XXXI, 14).

(3) « Car l'amour est fort comme la mort » (Cantique des cantiques, VIII, 6).

aujourd'hui ne sont pas un adieu, mais une bénédiction, une consolation, le témoignage d'un dévouement et d'une sollicitude qui n'ont fait que grandir avec le malheur ; je vous dirai avec le prophète, lui aussi violemment enlevé à son troupeau : continuez à vivre sur cette terre chérie (*benoû botim' vechévou* (1), soumettez-vous aux décrets de la Providence et, quoi qu'il advienne, restez toujours les hommes de l'ordre et de l'honneur. Quels que soient vos justes ressentiments, ne vous laissez pas glisser sur la pente des représailles, attendez avec patience le jour de la rédemption, ce jour fixé par la justice et la miséricorde divines. L'heure attendue sonnera, gardez-vous d'en douter ; mais n'essayez pas d'en hâter l'avènement par des moyens que réprouve la conscience.

Et vous qui ne sauriez vous résoudre à vivre sous un autre drapeau que celui de la France, venez au milieu de nous ; le pays vous est ouvert et vos frères vous tendent les bras : *vehooretz hiné rahabass yodaïm lifnéhem* (2). Vous serez partout accueillis avec faveur, que dis-je ? avec reconnaissance, car vous saurez transporter parmi nous cette féconde activité, cette merveilleuse industrie et cette piété profonde qui vous caractérisent ; vous créerez partout, non seulement à Paris, mais dans ces autres centres que nous avons trop délaissés jusqu'ici, de grandes et belles communautés, qui remplaceront celles que nous avons perdues et qui nous consoleront dans une certaine mesure.

Tous, d'ailleurs, nous devons songer à panser les plaies de la patrie et à concourir sans relâche à sa régénération. Acceptons tous les sacrifices qu'elle nous demande ; ne lui marchandons ni notre or, ni notre existence, et que notre amour pour elle grandisse en raison même de ses souffrances. Notre patrie, c'est notre mère et l'infortune la rend deux fois sacrée pour nous.

(29 mars 1918).

(1) « Bâtissez des maisons et demeurez. » (Jérémie, XXIX, 5).
(2) « Voici cette terre qui *vous* est largement ouverte. » (Genèse, XXXIV, 21).

Un patriote alsacien
Le grand-rabbin Isaac Lévy

Un de nos aumôniers, dont la science et le talent ne sont pas inconnus des lecteurs de ce journal, nous écrit du front, où il remplit si bien son devoir :

« Un de nos coreligionnaires m'a remis sous les yeux les sermons du regretté grand-rabbin Isaac Lévy. La note en est si vibrante et s'accorde si bien au ton des événements qui nous troublent, nous étreignent et nous passionnent, qu'il serait peut-être opportun de les faire résonner à nouveau. Ce serait un hommage rendu, au jour anniversaire de sa mort, à un rabbin qui, comme le prophète à l'âme ardente, « fut plein de zèle au service de l'Eternel », qui fut le doyen très aimé et très respecté du rabbinat français. Ce serait en même temps un hommage rendu au judaïsme qui a si bien inspiré un de ses enfants dont la voix éloquente clamait « à plein gosier » notre amour filial pour la France.

« Ses sermons, d'une envolée superbe, sont doués d'une grande puissance de vie. Ils semblent datés d'hier, et le temps qui assourdit les sons et rembrunit les couleurs leur a laissé leur tonalité et leur fraîcheur première. Leur accent est d'une sincérité si évidente, respire une passion si pure, la forme, si franche d'allures, est vêtue de tant de simplicité, se montre si rebelle à tout ornement inutile, à toute recherche littéraire, qu'ils éveillent en nous une émotion saine et donnent à l'orateur cause gagnée. Voulez-vous reproduire ces quelques pages en y ajoutant une courte notice biographique ? Vous avez connu Isaac Lévy pendant de longues années, donnez ce gage de fidélité à sa mémoire. »

Cet appel à une vieille amitié ne pouvait nous laisser insensible, et, très brièvement, nous donnerons quelques impressions et quelques dates.

Il vit le jour à Marmoutiers (Bas-Rhin), en 1835, et sa première éducation fut faite sous la direction de son pieux et savant grand-père, le rabbin J. Haguenau, talmudiste réputé, né à Metz, d'une famille qui avait fourni plusieurs générations de rabbins à cette célèbre communauté. C'est à Metz également qu'il fit, à l'Ecole rabbinique, de très brillantes études. Successivement, il fut nommé rabbin à Verdun, en 1857 (?), à Lunéville, en 1865, grand-rabbin à Colmar, en 1869, à Vesoul, en 1872, et à Bordeaux, en 1877. Il quitta cette dernière communauté un mois avant sa mort, qui eut lieu à Paris, en septembre 1912.

Le dernier numéro de l'*Univers* intitule un de ses articles « Ecoles de Patriotisme » (1). Qui dit école dit maître, et l'on peut affirmer que personne n'enseigna le patriotisme avec plus de chaleur intense, d'une âme plus éprise de son sujet, plus débordante de pieux enthousiasme ; quand il parlait de la France, son beau et mâle visage était baigné de larmes ou tout illuminé d'espérance, et sa voix aux résonnances si chaudes vous prenait aux entrailles. Il fut pour le judaïsme alsacien celui qui a dit le mieux son rêve intérieur, sa douleur inconsolable, son impérissable foi en des destinées meilleures.

Chez ceux que les nécessités de la vie retenaient en pays annexé, qui interrogeaient d'un regard anxieux la cime des Vosges, il entretenait par ses allocutions, dont l'écho parvenait jusqu'à eux, le feu sacré qui couvait sous la cendre. Pour les émigrés qui s'étaient condamnés à un exil volontaire, il était l'ami, le confident, l'interprète qui rappelait la patrie absente, les beaux souvenirs de Sion, celui qui allait le plus avant dans leur âme meurtrie, pour dire leurs indignations, leurs revendications, leur protestation incessante, indomptable.

Il fut, lui, un de ces émigrés qui s'arrachèrent, le cœur saignant, mais la volonté héroïque, au sol natal. Il quitta, au milieu des larmes et des regrets unanimes de la belle cité de Colmar, le consistoire du Haut-Rhin, dont il était le grand-

(1) Voir le fascicule VI.

8.

rabbin bien-aimé, pour aller vivre pendant de longues années à Vesoul, érigé en Consistoire par le gouvernement français, qui s'est honoré en le récompensant de son beau désintéressement et du fidèle attachement à la mère-patrie, poussé à un degré d'abnégation rare.

Ses vieux amis, qui se plaisent à évoquer cette belle figure de rabbin, qui fut un apôtre du patriotisme, ne peuvent s'empêcher de penser à toute la répercussion qu'aurait eue sur cette nature généreuse le drame dont nous sommes les témoins et les acteurs ; si ses regards, toujours tournés vers l'Est, avaient dû s'arrêter successivement sur Verdun, qui vit les débuts de sa féconde carrière et où l'âme française a atteint un niveau qu'on ne dépassera pas ; sur Lunéville, si souvent victime d'un ennemi odieux, où la synagogue pleine encore de son éloquence a été le théâtre de tant d'horreurs (1) ; sur Soultz, lieu de naissance de sa mère, dont le vieux temple où exerça son grand-père est presque en ruines et qui voit flotter sur la montagne voisine le drapeau aimé ; sur Colmar enfin, qu'il n'oublia jamais et qui entend le cœur serré, frémissant, les grondements du canon français et les pas du « messager de la Délivrance » qui se rapprochent.

Dans le pèlerinage qu'entreprendront, un jour prochain, les fils de l'Alsace-Lorraine sur la terre qui, selon l'expression biblique, tressaillera d'émotion, un hommage de reconnaissance sera rendu à tous les vaillants, morts avant l'ère de la réparation. Isaac Lévy méritera de figurer en bonne place parmi ceux qui ne désespérèrent jamais de la sainte cause, qui pieusement ont entretenu sur l'autel la flamme ardente qui devait brûler en l'honneur de Dieu et en l'honneur de la patrie.

UN FILS D'ALSACIEN.

(22 septembre 1916).

(1) Voir le fascicule III : « Scènes et épisodes de la guerre ».

A propos de l'anniversaire
de la Déclaration de Bordeaux

UN GRAND-RABBIN ALSACIEN : ISAAC LÉVY

La déclaration formulée, le 17 février 1871, à l'Assemblée Nationale de Bordeaux par les représentants de l'Alsace et de la Lorraine contre le traité de Francfort va être rappelée solennellement le 1er mars, anniversaire du jour où ces députés quittèrent le Parlement français en protestant de l'indéfectible attachement des Alsaciens-Lorrains à la mère-patrie.

A cette occasion, une double manifestation n'aura pas seulement lieu avec le concours du gouvernement, à Paris et à Bordeaux. Des mesures ont été prises avec les représentants des différents cultes pour que la protestation alsacienne-lorraine soit lue également dans les églises, dans les temples et dans les synagogues. M. le grand-rabbin Israël Lévi, adjoint à M. le grand-rabbin de France, a donné des instructions pour que cette lecture soit faite — et commentée — à l'office de ce vendredi soir (qui coïncide justement avec le 1er mars) ou à l'office de samedi, dans toutes les synagogues de France et de l'Algérie (1).

Si la manifestation officielle apparaît comme opportune à l'heure où la question d'Alsace-Lorraine est devenue le pivot de la paix de l'Entente, c'est une heureuse inspiration que d'associer les différents cultes à cette commémoration. Non moins que les tribunes politiques, les chaires ont retenti, depuis le 1er août 1914, de paroles éloquemment patriotiques. La chaire israélite n'a pas failli cette mission, devenue traditionnelle. Tous nos rabbins ont entretenu sur l'autel de la religion la flamme du patriotisme et jamais leurs auditeurs ne se sont sentis en plus étroite communion avec eux.

(1) Voir plus haut, p. 100.

Cette fois encore et plus que jamais, pasteurs et fidèles vibreront à l'unisson. Car il s'agit de l'Alsace-Lorraine, d'où ils sont originaires pour la plupart et où ils ont conservé tant d'affections, de l'Alsace-Lorraine, qui fut le berceau du judaïsme français et qui en est aujourd'hui l'autre Terre-Promise.

Il faudra écrire un jour l'histoire du judaïsme français dans le cadre de l'Alsace-Lorraine, montrer le rôle de nos coreligionnaires dans la francisation de l'Alsace, dans « l'exode » de 1871 et dans la résistance à l'invasion. Ici aussi, les rabbins ont donné la leçon et l'exemple. M. Raoul Lévy, membre du Consistoire et président du « Mont-Sinaï », enfant de Phalsbourg, le rappelait l'autre dimanche, ajoutant que, sur les trois grands-rabbins d'Alsace-Lorraine, l'un resta à son poste tandis que les deux autres optaient pour la France.

L'un de ceux-ci fut Isaac Lévy, alors grand-rabbin de Colmar et qui mourut en 1912 grand-rabbin honoraire de Bordeaux. Il est juste qu'aux grands souvenirs de 1871, les israélites français associent le nom du grand-rabbin protestataire, qui « quitta, au milieu des larmes et des regrets unanimes de la belle cité de Colmar, le Consistoire du Haut-Rhin, dont il était le pasteur bien-aimé, pour aller vivre pendant de longues années à Vesoul ». S'étant ainsi arraché, « le cœur saignant, mais la volonté héroïque, au sol natal », il fut, pour ses frères émigrés comme lui, « l'interprète qui rappelait la patrie absente... celui qui allait le plus avant dans leur âme meurtrie pour dire leurs indignations, leurs revendications », tandis que « chez ceux que les nécessités de la vie retenaient en pays annexé..., il entretenait par ses allocutions, dont l'écho parvenait jusqu'à eux, le feu sacré qui couvait sous la cendre ».

Ranimons cette flamme en reproduisant quelques passages de ces allocutions patriotiques (1). « La note en est si vibrante et s'accorde si bien au ton des événements qui nous troublent, nous étreignent et nous passionnent qu'il serait peut-être opportun de les faire résonner à nouveau », écrivait-on ici, il y a dix-huit mois. Le moment est revenu de les entendre :

____

(1) Elles ont paru dans le volume de *Sermons* publié en 1875, Isaac Lévy est également l'auteur de *Adieu à Alsace* et de *Alsatiana*.

« Après Dieu, mes frères, la patrie française doit occuper une large, une immense place dans votre cœur, car c'est elle qui la première s'est levée pour réparer les iniquités des siècles passés ; c'est elle qui la première a secoué comme une vile poussière tous les anciens préjugés et, appelant à elle ceux qui ailleurs étaient soumis, méprisés, repoussés, leur a dit : Venez vous reposer à l'ombre de ma protection ; je veillerai sur vous, je vous défendrai, je vous aimerai.

O France ! ô bien-aimée patrie ! tu as été pour nous une mère tendre et dévouée, et nous aussi nous t'aimons comme on aime sa mère. Nous mettons à ton service toutes nos facultés et, dans toutes les carrières qui nous sont ouvertes, nous cherchons à coopérer à ta grandeur et à ta prospérité. Quand naguère l'étranger vint envahir ton sol, nos fils sont accourus plein d'ardeur pour ta défense ; ils étaient heureux de s'enrôler sous ton glorieux drapeau ; ils offraient joyeusement leur vie au pays qui avait brisé le joug sous lequel gémissaient leurs ancêtres, et, parmi les victimes de cette terrible lutte, beaucoup appartiennent à notre culte.

Et quand, malgré le dévouement de tous tes enfants, tu dus plier sous le nombre, quand un ennemi implacable t'imposa un si douloureux sacrifice, te força à te séparer de deux de tes plus belles et patriotiques provinces, notre cœur se brisa, nos yeux devinrent deux sources de pleurs, comme dit l'Écriture, nos larmes coulèrent abondantes.

Ils se lamentèrent aussi, nos pauvres coreligionnaires d'Alsace-Lorraine, qu'on arrachait à la patrie, auxquels on voulait ravir ce beau titre de Français dont ils aimaient à se parer, qui leur inspirait un si noble orgueil, et beaucoup d'entre eux refusèrent de subir la loi du vainqueur. Ils fuirent le toit paternel, la ville natale, le foyer où ils avaient reçu le jour, qu'ils tenaient de leurs ancêtres, qu'ils espéraient transmettre à leurs descendants. Ils partirent, laissant sur cette terre devenue étrangère pour eux les chers êtres qui y dormaient leur dernier sommeil, sans savoir si jamais ils pourraient revenir pleurer et prier sur les tombes qui étaient autrefois l'objet de leur vénération.

C'est en vain qu'on leur disait : Pauvres fous, la France est déchue ; sa puissance a passé en nos mains, c'est nous qui sommes la grande nation ! Ils répondaient : Une nation n'est pas seulement grande par les armes, elle l'est aussi par son goût éclairé pour les lettres et les arts, par la générosité de son caractère, et cette grandeur-là, ô Allemagne, les victimes de ton ambition savent bien que tu ne l'as pas ravie à la France.

Ils disaient aussi, ceux que la conquête chassait de leur pays, qu'une nation comme la nôtre ne se résigne pas à l'humiliation, qu'elle cherche au contraire à se relever et qu'elle y réussit.

Et lors même que la ruine de la France eût été certaine, ceux qui l'aimaient ne l'eussent pas abandonnée. Ils eussent préféré partager son infortune que la prospérité de ceux qui l'avaient vaincue. Ils n'eussent pas cessé de la considérer comme une mère, et on ne renonce pas à sa mère quand elle est affligée, désolée ; sa douleur ne fait que fortifier notre attachement.

Cet ardent amour pour la patrie, dont nos frères d'Alsace et de Lorraine ont donné un si magnifique témoignage, cette vive affection pour la France que vous avez ressentie vous-mêmes, efforcez-vous de les éprouver toujours. Que la sainte flamme du patriotisme embrase en tout temps vos âmes, qu'elle brûle toujours dans vos cœurs comme le feu sacré qui, dans le temple de Jérusalem, brûlait constamment sur l'autel et ne s'éteignait jamais. Que vos supplications s'élèvent souvent d'ici, pleines de ferveur, pour notre cher et malheureux pays. Demandez avec instance à Dieu de lui rendre son ancien rang, sa splendeur d'autrefois ; mais efforcez-vous aussi de contribuer, chacun dans la mesure de ses forces, à ce résultat si désirable. Donnez à vos enfants une éducation sérieuse et solide ; guérissez-les de cette légèreté et de cette frivolité qu'on nous reproche ; apprenez-leur à pratiquer le sacrifice, le dévouement, l'abnégation. Que l'amour du pays s'allie chez eux à l'amour de la religion ; que Dieu et la patrie soient chez eux l'objet d'un même culte. Quand vous aurez fait cela, vous aurez travaillé à la prospérité et à la gloire de notre pays.

Ce que je réclame de vous, mes frères, ce que je réclamerais de tous mes compatriotes, si j'avais le droit de m'adresser à tous, de leur dire ma pensée à tous, vous le devez non seulement à la France, mais à ces deux malheureuses provinces qui gémissent sous l'oppression et qui attendent de nous leur délivrance.

Si l'on vous dit que l'Alsace et la Lorraine se résignent à leur sort, n'en croyez rien ; il peut y avoir quelques défaillances : elles sont peu nombreuses. La vie a des exigences avec lesquelles beaucoup ont dû compter. Tous ceux qui l'auraient voulu n'ont pu se soustraire au joug ; mais tous l'abhorrent, tous le maudissent, tous aspirent au moment où ce joug sera rompu. Quand l'occasion se présente, on proteste contre la violation du droit qui a été accomplie, et quand la voix de la conscience indignée ne peut se faire entendre, on souffre et on espère en silence.

Ah ! pauvres frères opprimés, on a pu vous enlever votre nationalité, on a pu vous imposer des lois nouvelles, on peut forcer vos enfants à étudier un idiome étranger, on peut proscrire la langue et les souvenirs de la patrie, mais on ne peut pas aller fouiller dans vos âmes pour y détruire l'espérance ; on ne peut pas vous forcer à brûler ce que vous avez adoré, à aimer ce que vous haïssez.

J'ai visité récemment, mes frères, les deux provinces si belles quand nous les appelions nôtres, aujourd'hui si désolées, et j'ai pu me convaincre que les souvenirs de la patrie ne sont pas éteints, que son culte n'est pas détruit, que l'amour de la France vit dans tous les cœurs, que dans toutes les âmes demeure l'espérance de lui appartenir de nouveau.

Ah ! demandons à Dieu, mes frères, demandons-lui souvent dans ce temple que cette espérance ne soit pas vaine, qu'elle se réalise promptement, qu'il arrive bientôt le jour heureux où nous presserons dans nos bras « les rachetés de l'Eternel, que l'Eternel aura délivrés de la main de l'adversaire » (Psaume CVII, 2).

(Sermon prononcé à l'inauguration du temple de Vesoul)

« Oh ! si j'avais une de ces voix autorisées qui ont droit de se faire entendre du pays tout entier, je dirais à notre chère patrie : France, ô bien-aimée France, efforce-toi de grouper tous tes enfants en un seul faisceau ; travaille à ton relèvement, hâte-toi et, si ton ardeur a besoin d'être stimulée, tourne tes regards vers les provinces qui t'ont été arrachées. Vois ces mains suppliantes qui se tendent vers toi ! Entends les gémissements de ceux qui souffrent et pleurent parce qu'ils sont séparés de toi ! Assigne pour but à tes efforts la réalisation des espérances qu'on fonde sur toi !

Et si mes paroles pouvaient franchir la frontière nouvelle que de douloureux événements ont établie, je m'adresserais aussi à l'Alsace et je lui dirais : Terre chérie qui a été notre berceau et dans laquelle reposent nos ancêtres, conserve devant l'oppresseur cette attitude digne, noble et fière qui t'a valu les sympathies du monde civilisé et qui impose le respect à tes maîtres eux-mêmes ; conserve à la France cet invincible attachement que tu lui as montré jusqu'ici. Ne renonce pas à l'espérance. Ta délivrance viendra, car « Dieu n'oublie pas le cri des affligés » (Psaume IX, 13) et la patrie, elle, ne deviendra pas indifférente à ton sort. Comme autrefois Dieu à Israël, elle te dit : « La femme oublie-t-elle son nourrisson, le fruit de ses entrailles ? Ah ! si les mères pouvaient oublier, moi, je ne t'oublierai jamais ! » (Isaïe, XLIX, 15).

Et si votre affranchissement se fait attendre un peu de temps, frères alsaciens, si le découragement s'empare de vous, si votre âme est sur le point de défaillir, accourez ici, placez-vous en face du monument qu'on élève aujourd'hui, et votre foi se ranimera et vos espérances se réveilleront. Une nation qui produit des dévouements aussi admirables que celui dont cette pierre commémorative rappelle le souvenir ; une nation dont les fils combattent avec ce courage, cette ardeur, cet oubli de soi-même, ce mépris du danger dont ont fait preuve les défenseurs de cette ville ; une nation qui honore ceux qui sont morts pour elle comme nous les honorons aujourd'hui, une pareille nation ne s'achemine pas vers sa chute, elle ne marche pas à sa ruine, comme on veut vous le faire croire ; elle s'écrie comme le psalmiste :

lo amout ki échyé, « moi je ne mourrai point, je veux vivre
et je vivrai » ; *yaser yisrani yah ve-lamaveth lo nethanani,*
« Dieu m'a corrigée, je profiterai de ses avertissements, mais
il ne m'a pas livrée à la mort » (Psaume CXVIII, 17, 18).

Et ne voyez-vous pas que la France vit ? ne nous a-t-elle
pas donné des preuves certaines de vitalité ? Regardez-la,
elle n'est plus cette pauvre blessée étendue, sanglante, sur le
sol, *vatouchlekhi al pené hasadé... misboséset bedamaïkh*
(Ezéchiel, XVI, 5, 6) ; sa plaie se cicatrise ; elle n'est plus
cette malheureuse affligée, battue de la tempête et non consolée, *aniah soarah lo nouhama* (Isaïe, LIV, 11) ; elle relève
la tête et ses vainqueurs se mettent à trembler pour leur conquête et ils cherchent des alliés. Ah ! nos ennemis avaient
dit : *Lekhou venak'hidem migoï velo yizakher chêm Israël
ôd,* « venez, détruisons-les, de sorte qu'ils ne soient plus
une nation et qu'il ne soit plus parlé d'eux ! (Psaume
LXXXIII, 5). Mais ils ont été impuissants à accomplir leurs
desseins et leurs projets n'ont pas été exécutés.

C'est pourquoi, chère Alsace, un de tes fils exilés t'envoie
aujourd'hui ce message d'espérance emprunté au psaume
que nous avons chanté tout à l'heure : *Kavé el Adonaï, hazak
veyaametz libékha,* « confie-toi en l'Eternel, demeure ferme
et que ton cœur soit fort ! » (Psaume XXVII, 14). Oui, espé-
rez, vous qui avez été nos compatriotes et qui êtes appelés à
redevenir ce que vous étiez, et puisse l'Eternel accomplir
bientôt vos vœux qui sont aussi les nôtres et puisse-t-il réali-
ser bientôt vos espérances qui sont aussi nos espérances les
plus chères ! »

*(Sermon prononcé au temple de Belfort lors de l'inaugu-
ration du monument élevé aux victimes du siège).*

(1ᵉʳ et 15 mars 1918).

Un ouvrier de la Défense Nationale en 1870-1871

MAURICE LÉVY

La cérémonie annuelle des Jardies a pris cette fois une signification plus haute que tous les ans par le caractère frappant d'actualité qu'elle a revêtu : elle a été l'évocation et l'exaltation singulièrement opportunes de l'œuvre de la Défense Nationale, qui, sous l'inspiration et l'impulsion de Gambetta, a sauvé l'honneur de la France en 1871 et préparé la revanche du Droit. L'un des collaborateurs du grand tribun, alors délégué à la guerre, aujourd'hui ministre d'Etat, M. de Freycinet, était bien qualifié pour rappeler comment Gambetta fit sortir de terre 800.000 hommes, 1.400 pièces d'artillerie, appelant à lui des administrateurs, des savants, des ingénieurs...

Rappelons ici les titres de l'un de ces auxiliaires, qui devait s'élever aux plus hautes fonctions de l'enseignement supérieur et des administrations publiques, et qui fit alors, sur l'ordre de Gambetta et sous la direction de M. Freycinet, ses premières armes, pour ainsi parler, en travaillant à donner à la France, en pleine guerre, des canons et des munitions.

Il y a un an, à la séance de l'Académie des Sciences du 26 avril 1915, M. L. Lecornu a prononcé l'éloge de son prédécesseur, Maurice Lévy (il écrit Levy), professeur au Collège de France et à l'Ecole Centrale, inspecteur général de 1re classe des Ponts-et-Chaussées, commandeur de la Légion d'honneur et — c'est nous qui ajoutons ce titre — membre du Consistoire central des Israélites de France, et même membre très juif et très indépendant.

Nous venons un peu tard pour parler de cette Notice

(après l'avoir annoncée dans notre numéro du 21 mai 1915),
d'autant plus qu'elle retardait elle-même de près de cinq ans,
celui qu'elle célèbre étant mort le 30 septembre 1910. Aussi
bien n'en voulons-nous retenir que le passage, toujours actuel,
qui rappelle le rôle de Maurice Lévy, un enfant de l'Alsace,
dans l'œuvre de la Défense Nationale, il y a 45 ans.

Né à Ribeauvillé, le 28 février 1838 — sa mère était la sœur
du Dr Germain Sée — Maurice Lévy était ingénieur des Ponts-
et-Chaussées à Melun quand la guerre éclata, en 1870. Après
avoir fait sauter les ponts à l'approche de l'ennemi, il alla
se mettre à la disposition de M. de Freycinet, qui, cinq ans
auparavant, l'avait connu ingénieur à Montauban. Une magnifique occasion ne tarda pas à s'offrir : le 3 novembre
1870, un décret du gouvernement de Tours prescrivait que
chaque département français fournirait une batterie d'artillerie par 100.000 habitants, et Maurice Lévy, âgé de 32 ans
seulement, reçut de Gambetta une délégation spéciale pour
assurer l'exécution de ce décret. Le nouveau délégué ne per-
dit pas de temps : il fit copier des dessins de canons, les
distribua à l'industrie privée, s'occupa de créer les ressources nécessaires, évaluées à 33 millions, de passer les mar-
chés, de recruter le personnel, etc. Tout marcha aussi bien
que le permettait l'état de guerre et, dans son Rapport
final du 1er juin 1871, il put, avec une légitime fierté, constater que, malgré nos désastres, la France se trouvait, au
bout du compte, à la tête de l'artillerie la plus puissante et
la plus perfectionnée qu'elle eut jamais possédée.

Aujourd'hui que nous savons combien le développement
de notre artillerie depuis le début de la guerre a augmenté
la puissance de nos armes, nous pouvons souligner encore
plus fortement que M. Lecornu la valeur de l'effort réalisé
par Maurice Lévy et qui aurait donné toute sa mesure si la
guerre de 1870-1871 s'était prolongée.

Mais déjà Scheurer-Kestner, qui, sur la demande de Maurice Lévy, avait accepté de diriger un établissement de pyro-
technie rattaché au service de construction des batteries
départementales, a pu écrire dans ses *Souvenirs de Jeu-*

nesse : « Maurice Lévy, homme d'un caractère droit, d'une puissance de travail extraordinaire a été l'un des plus utiles organisateurs de la Défense. »

Maurice Lévy se souvenait-il de ce brillant début de sa brillante carrière quand, en 1910, dans son discours de président de la séance publique de l'Académie des Sciences, il faisait l'apologie du canon ? Toujours est-il qu'il s'attacha à montrer que l'arme terrible était en même temps « l'un des laboratoires les plus instructifs que possède la science ». Mais il fit mieux que discourir : l'une de ses plus grandes joies fut l'entrée de ses deux petits-fils Raymond et Maxime Berr à l'Ecole Polytechnique, qui, aujourd'hui, « combattent vaillamment pour reconquérir la terre de leur aïeul » et dont l'un a été glorieusement blessé (1).

(9 juin 1916).

(1) [Le capitaine Maxime Berr est mort depuis au champ d'honneur. Voir le fascicule IX].

Table des Matières

CAHORS & ALENÇON, IMP. COUESLANT. — 20.249

9 782019 960179